MORPHO Detail

Hände und Füße

Michel Lauricella

stiebner

Liebe Leser:innen,
wir freuen uns, dass wir euch mit diesem Buch inspirieren und Teil eurer kreativen Reise sein dürfen. Noch mehr Inspiration, originelle Ideen und besondere Themen findet ihr auf unserer Verlagsseite www.stiebner.com.

Lasst uns zusammen kreativ werden!

Wir sind immer offen für eure Anregungen, Wünsche und Kritik – schreibt uns gerne unter verlag@stiebner.com.
Da geteilte Freude bekanntlich doppelte Freude ist: Zeigt uns eure kreativen Ideen und fertigen Projekte auf Social Media! Markiert uns mit @stiebnerverlag und den Autor mit @atelier.morpho oder nutzt die folgenden Hashtags:
#StiebnerVerlag #StiebnerKreativ #MorphoDetail

Erstmals erschienen unter dem Titel »Morpho: mains et pieds« bei Éditions Eyrolles

Illustration: Michel Lauricella
Einige Zeichnungen sind inspiriert von den Werken von P. Richer, H. Rouvière und A. Delmas, siehe Angaben im Text.
Übersetzung aus dem Französischen: Anja Neudert
Cover: Danai Afrati
Layout: monsieurgerard.com
Projektleitung und Lektorat: Stefanie Klapetek
Gedruckt bei Graspo printing house, Tschechien

ISBN 978-3-8307-1464-4
Bibliografische Information der Deutschen Nationalbibliothek:
Die Deutsche Nationalbibliothek verzeichnet diese Publikation in der Deutschen Nationalbibliografie; detaillierte bibliografische Daten sind im Internet über http://dnb.dnb.de abrufbar.

www.stiebner.com

INHALT

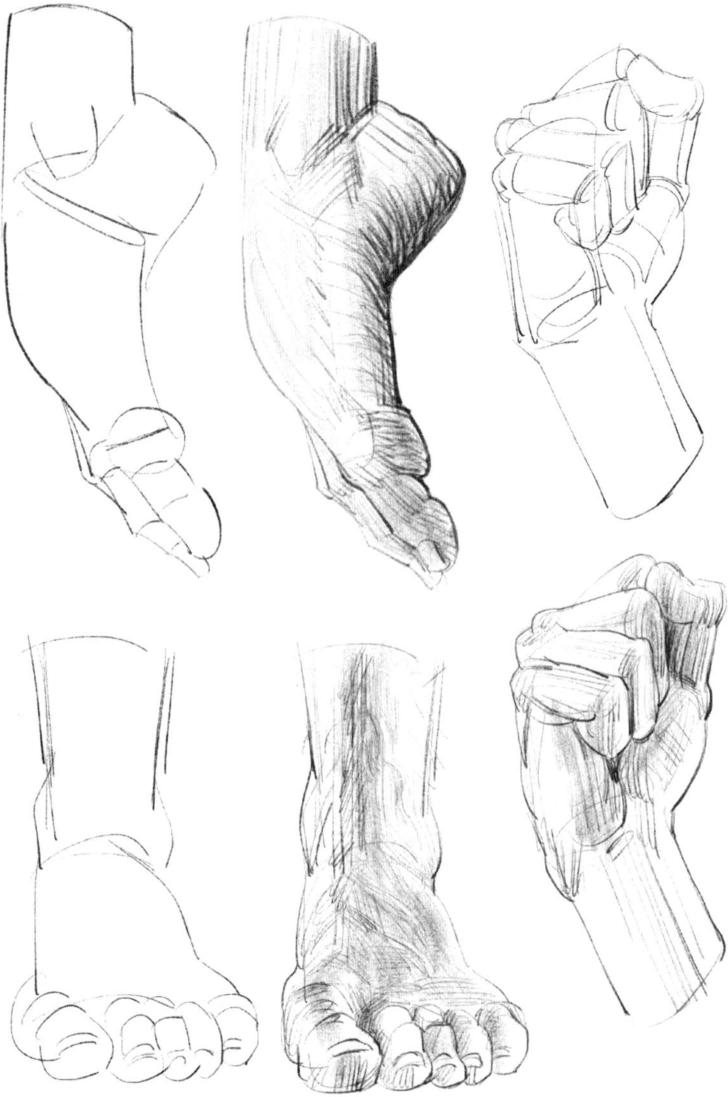

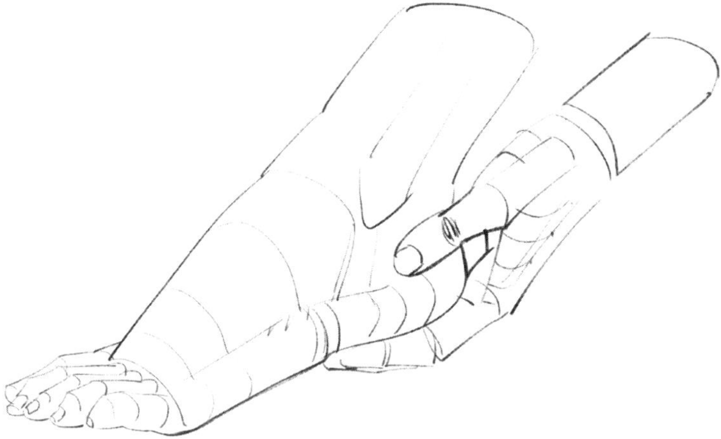

VORWORT

Hände und Füße zu zeichnen, fällt vielen schwer. Durch regelmäßiges Üben wirst du dabei aber schnell sicherer werden, und ich hoffe, dich mit diesem Buch dabei unterstützen zu können.

Dafür habe ich hier eine Reihe von Beispielzeichnungen zusammengestellt, die zum Teil bereits in anderen Bänden dieser Reihe veröffentlicht wurden, aber auch unveröffentlichte Zeichnungen, mit weiteren Details, neuen Haltungen und anderen Blickwinkeln. Vor allem findest du in diesem Buch auch eine Darstellung der Venen an Händen und Füßen. Venen führen das Blut zum Herzen zurück und dehnen sich bei Anstrengung aus. Bei muskulösen Körpern können sie besonders deutlich hervortreten. Sie drücken Lebendigkeit und Dynamik aus. Da die Venen zufällig verlaufen, vor allem in den feinsten Verzweigungen, kann ich dir in diesem Buch nur eine schematische »Karte« an die Hand geben, an der du dich beim Zeichnen aus dem Kopf orientieren kannst.

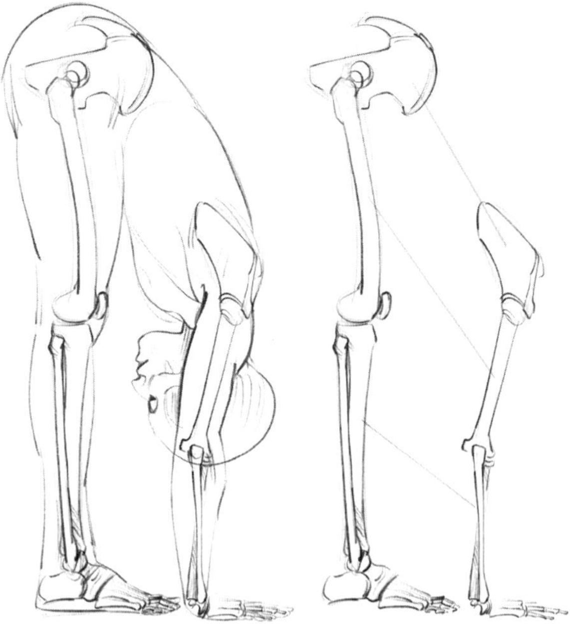

EINLEITUNG

Dieses Buch soll dir das Zeichnen aus dem Kopf erleichtern. Dafür beschäftigen wir uns zuerst mit den Proportionen und den abstrakten Formen. Dann sehen wir uns das Knochengerüst an, die Muskulatur und die Bewegungen, die sie möglich macht. Es folgen die Haut und die Fettschicht, die zumindest *unter* den Extremitäten immer vorhanden ist, je nach Körpergewicht aber auch *auf* Händen und Füßen. Den Abschluss bildet der Verlauf der Venen.

Für das Verständnis der Muskulatur müssen wir jeweils weiter nach oben schauen, zu Arm und Bein. Bei der Gelegenheit kannst du dich auch noch einmal mit den Gesamtproportionen und der Verbindung zwischen den Körperteilen vertraut machen. Ich empfehle dir, parallel dazu auch nach Modell zu zeichnen.

Denke daran, dass die oberen und unteren Gliedmaßen grundsätzlich nach dem gleichen Prinzip aufgebaut sind, aber auch ihre Eigenheiten haben.

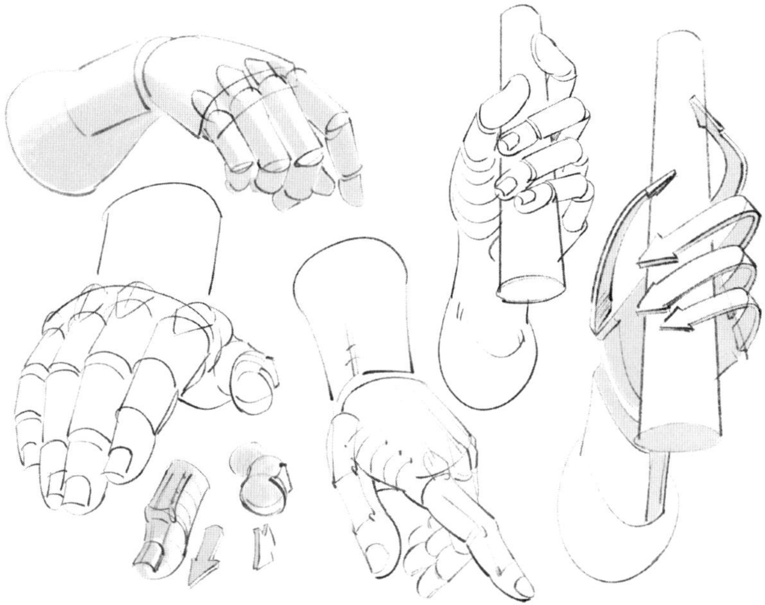

Hände

Die Hände sind sehr beweglich und passen sich allen Formen an, die sie greifen. Außerdem gestikulieren sie beim Reden, untermalen das Gesagte und veranschaulichen es – oder sprechen ganz ohne Worte. Aber zuallererst ist die Hand eine Zange. Und die brauchen nicht nur wir Menschen: Der Koala hat dafür einen mit dem Daumen verbundenen Zeigefinger, und das Chamäleon kann greifen, weil ein Fingerpaar an Händen und Füßen drei weiteren Fingern gegenüberliegt. Die Schwierigkeit beim Zeichnen einer menschlichen Hand liegt in der Ausrichtung des Daumens. Oft ist es einfacher, erst die Form des Objekts zu zeichnen und anschließend die Hand, die es greift, wie eine Greifzange darum zu legen. Darauf gehen wir später noch genauer ein.

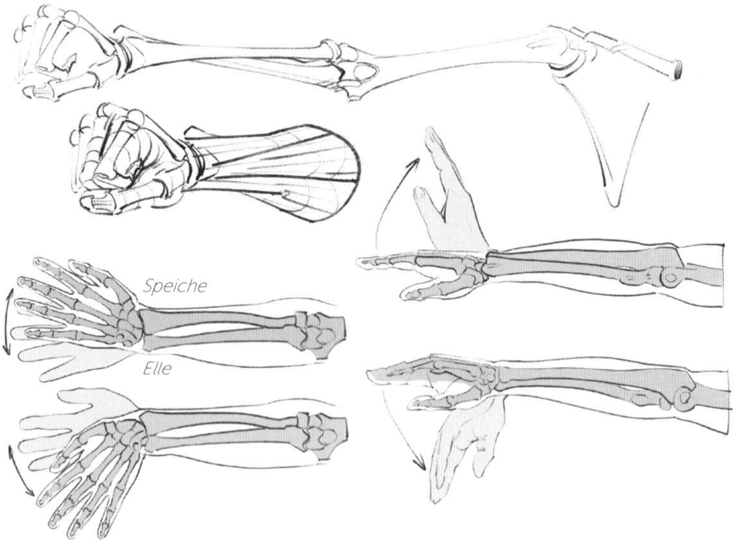

ABSTRAKTE FORM

Der Unterarm ist am Ellenbogen konisch geformt und flacht zum Handgelenk hin ab. Danach folgt der Handrücken mit seiner ziegelartig gewölbten Form. Dieser Teil ist flexibel und kann flach sein oder sich rund formen. Mit Ausnahme des Daumens bestehen die Finger aus drei Gliedern. Der erste direkt am Handrücken ist bei jedem Finger so lang wie die beiden anderen zusammen. Der Daumen hat nur zwei Glieder, aber sein Mittelhandknochen lässt sich bereits ab dem Handgelenk unabhängig bewegen, sodass es wie drei bewegliche Segmente aussieht.

SKELETT

Der Unterarm besteht aus zwei Knochen. Sie ermöglichen das Beugen des Arms im Ellenbogen und die Drehung der Hand beim Untergriff und Obergriff. Die Knochen – Speiche und Elle – sind dabei parallel beziehungsweise überkreuzt. Am Handgelenk werden die Bewegungen der Hand ausgeführt: Beugen, Strecken und Neigen.

Acht kleine Knochen bilden am Handgelenk eine Schiene (Abb. 1)

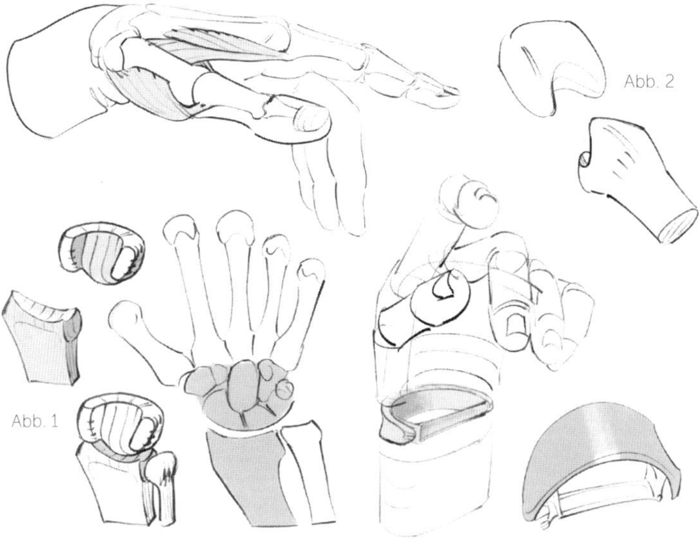

Abb. 1

Abb. 2

für die Sehnen der kräftigen Beuger, die durch ein Band an Ort und Stelle gehalten werden. Das Ganze hat die Form und Funktion einer Haarspange, wobei das Band der Verschluss wäre. Die besagten acht Knochen sind in zwei gebogenen Reihen angeordnet und bilden die Handwurzel, die dem Handgelenk seine enorme Flexibilität verleiht. Mit der Speiche verbunden unterstützt sie diese bei Ober- und Untergriffbewegungen. Hier beginnt der Handrücken.

Die Kanten der Handwurzel zeichnen sich unter der Haut ab und bilden die »Ferse« der Hand. Der Daumen liegt fast senkrecht auf einer dieser Kanten, die anderen Finger sind an der Hauptachse ausgerichtet.

Danach folgen die Mittelhandknochen. Der Mittelhandknochen des Daumens ist über ein eigenes Sattelgelenk mit der Handwurzel verbunden (Abb. 2), das Bewegungen auf zwei Achsen ermöglicht. Durch seine senkrechte Ausrichtung steht er den anderen Fingern gegenüber. Er lässt sich leicht in den Handteller beugen. Die Mittelhandknochen der anderen vier Finger haben eine flache Basis und liegen an der Handwurzel eng aneinander. Die Bewegung ist eingeschränkt. Die gewölbten Gelenkköpfe am anderen Ende dieser vier Mittelhandknochen ermöglichen Drehbewegungen. Sie zeichnen sich deutlich unter der Haut ab, wenn die Hand zur Faust geballt ist.

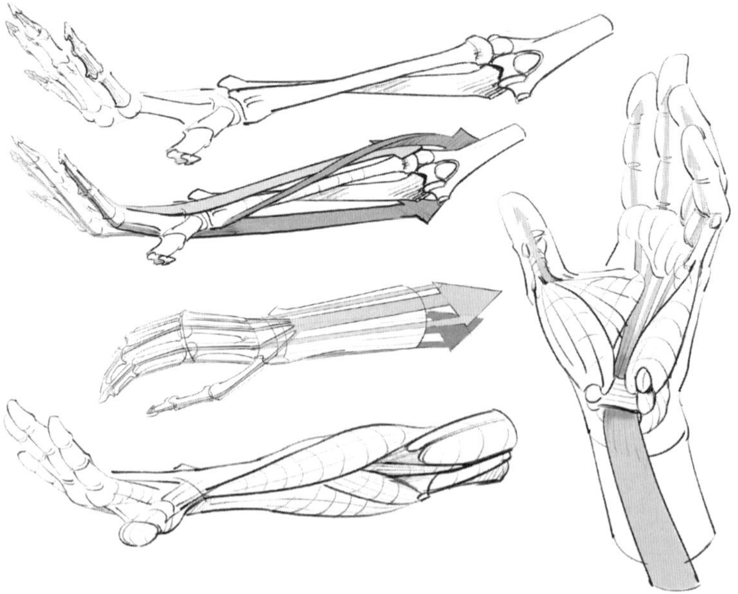

Drei Fingerglieder – beziehungsweise zwei beim Daumen – unterteilen die Finger. Die Scharniergelenke dazwischen ermöglichen nur Beuge- und Streckbewegungen. Das letzte Fingerglied trägt den Nagel auf der pfeilförmigen Fingerspitze.

MUSKULATUR

Die Muskulatur besteht aus zwei Gruppen. Die erste ist am Unterarm und auf Höhe des Ellenbogens am Oberarmknochen aufgehängt. Es handelt sich um die (stärkeren) Beuger und Strecker, die an zwei Seiten des Oberarms beginnen und auf der gesamten Länge durch die Elle auf der einen Seite und den Musculus brachioradialis auf der anderen Seite getrennt sind. Abgesehen von diesem Muskel dient die Muskelmasse des gesamten Unterarms dazu, Hand und Finger zu bewegen.

Die zweite Gruppe beschränkt sich auf die Hand, vervollständigt den Muskelapparat und ermöglicht vor allem die entgegengesetzte Bewegung von Daumen und kleinem Finger, wenn sie zueinander geführt werden.

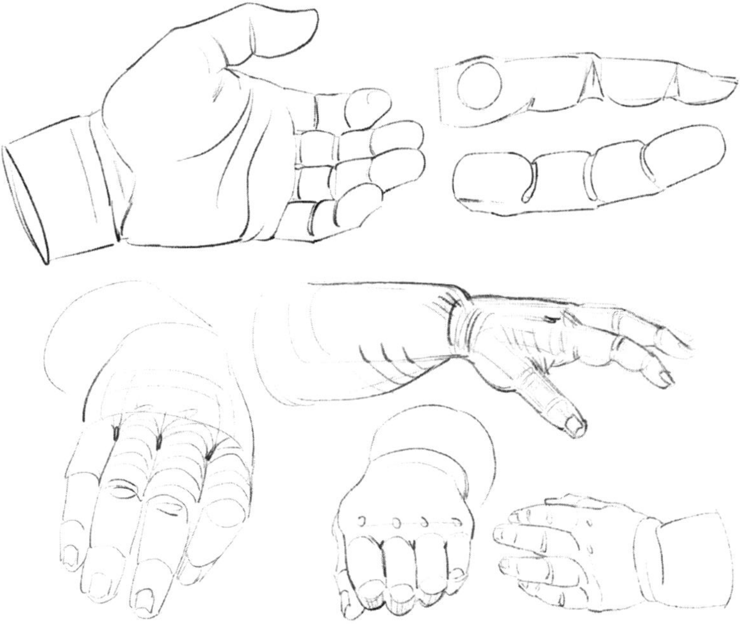

FETT

Es gibt zwei Arten von Fett an den Extremitäten:

Das Fett, das sich bei Übergewicht entwickeln kann, liegt unter der Haut. Es ist normalerweise an den Wurzeln der Gliedmaßen am dicksten und wird zur Hand hin dünner. Es bildet auf dem Handrücken Grübchen an den Knöcheln und neigt dazu, die Venen zu verdecken.

Das Fett an der Unterseite der Finger, von den Köpfen der Mittelhandknochen bis zu den Fingerspitzen, ist dagegen bei allen Menschen vorhanden. Es ist ein regelrechter Stoßdämpfer, der sich an die Form von Gegenständen anpassen und an ihnen haften kann.

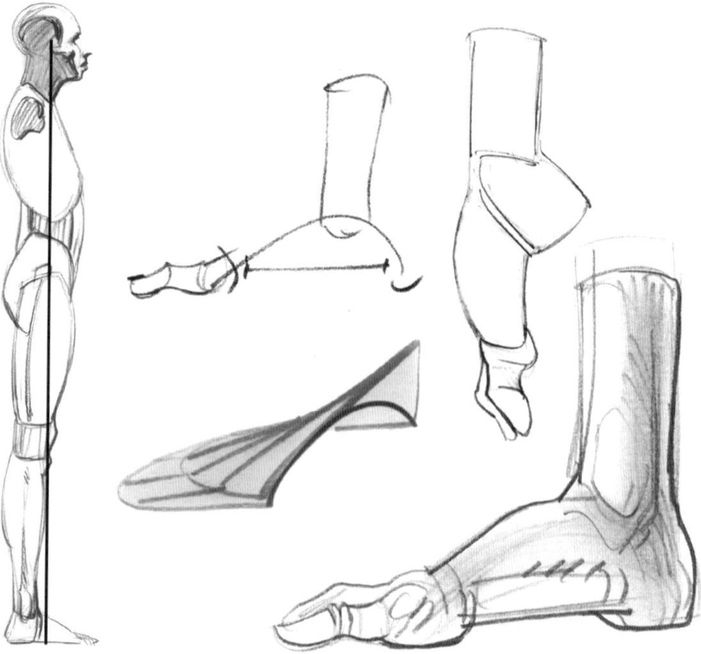

Füße

Die Füße sind bei uns Zweibeinern weniger gut beweglich als die Hände, unabhängig von Pose und Blickwinkel. Sie müssen das Gewicht unseres Körpers tragen, uns im Gleichgewicht halten und die wiederholten Stöße beim Gehen, Laufen und Springen abfedern. Nicht selten tragen wir zusätzlich zum eigenen Körpergewicht auch noch weitere Lasten, die sie ebenfalls aushalten müssen. Morphologisch gesehen scheint es das Einfachste, den Fuß um das Fußgewölbe herum zu zeichnen. Die höchste Stelle des Fußgewölbes befindet sich im normalen Stand auf Höhe des Schwerpunkts. Der Hohlraum unter dem Fuß funktioniert wie ein Stoßdämpfer, der sich heben und senken kann. In diesem Buch findest du Zeichnungen von Füßen in Ruhe und Bewegung, auch von Plattfüßen. Diese unterschiedlichen Formen können deinen Zeichnungen mehr Charakter verleihen.

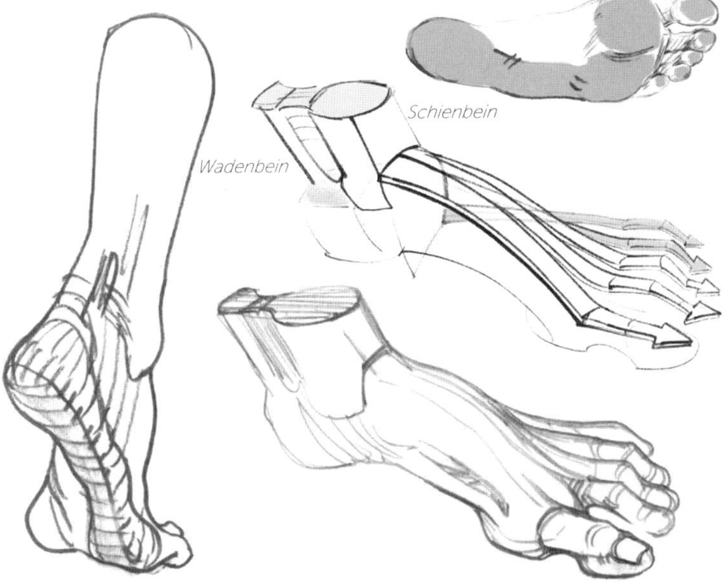

ABSTRAKTE FORM

Wie der Unterarm ist auch das Bein konisch geformt und wird nach unten hin schmaler. Denn hier sind die Muskelmassen ebenfalls eher oben angesiedelt, und im unteren Bereich sind die Sehnen zuständig.

Der Fußrücken ist ebenfalls ziegelartig gewölbt, aber etwas nach außen gekippt. Denke an den Abdruck, den ein Fuß auf dem Boden hinterlässt: Außen liegt er ganz auf, innen unter dem Fußgewölbe entsteht eine Lücke. Das Ende dieses Bogens bildet hinter dem Knöchelgelenk der kräftige Fersenknochen.

Die Zehen haben genauso viele Glieder wie die Finger, und wie der Daumen hat auch der große Zeh eines weniger. Der Einfachheit halber ist der Fuß hier mit fünf auf dem Boden aufliegenden Zehen gezeichnet.

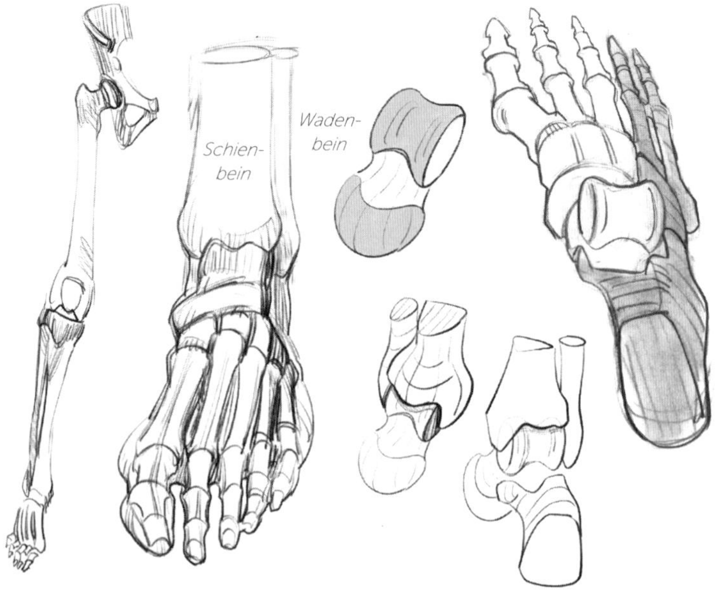

SKELETT

Das Bein besteht wie der Unterarm aus zwei Knochen: Schienbein und Wadenbein. Sie liegen parallel zueinander und überkreuzen sich nicht. Sie umfangen seitlich das Sprungbein, mit dem zusammen sie das Knöchelgelenk bilden, den ersten Knochen der Fußwurzel. Danach folgen die Knochen des Fußgewölbes – mit dem Kahnbein, das sich an der Innenseite des Fußes unter der Haut abzeichnet.

Der Fuß ist zweigeteilt: Der dynamische, gewölbt vom Boden abstehende Teil besteht aus Sprungbein, Kahnbein und drei kleinen keilförmigen Knochen, die zu den ersten drei Mittelfußknochen führen. Daneben gibt es einen statischen, stützenden Teil, dessen Außenkante sich an den Boden drückt. Hierzu gehören das Fersenbein, das Würfelbein und die beiden äußeren Mittelfußknochen. Die Zehenknochen sind genauso aufgebaut wie die Fingerknochen an der Hand, wobei auch der große Zeh ein Glied weniger hat.

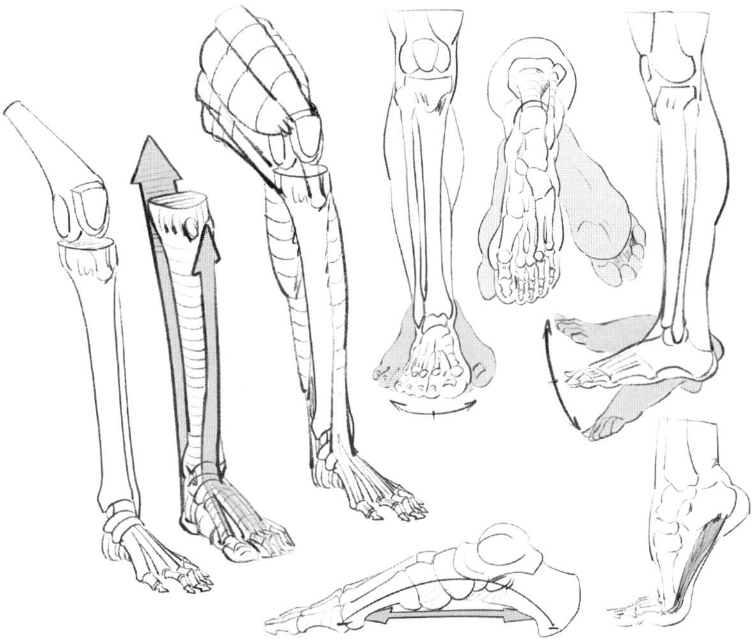

MUSKULATUR

Wie die Hände werden auch Füße und Zehen von Muskeln bewegt, die oben an den Beinknochen ansetzen und mit den Muskeln des Fußes zusammenspielen. Ein Muskel verdient dabei besondere Aufmerksamkeit: Die nötige Elastizität verleiht dem stoßdämpfenden Fußgewölbe ein Muskel, der von der Ferse bis zum ersten Glied des großen Zehs verläuft. Er zeichnet sich auf der Innenseite unter dem Fußgewölbe ab.

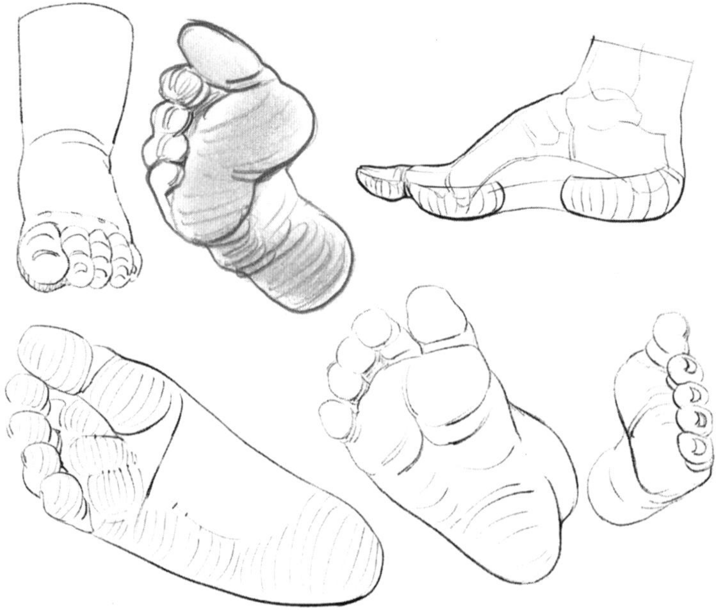

FETT

Auch hier gleicht das Prinzip den Händen. Das Unterhautfettgewebe variiert je nach Gewicht und verändert vor allem das Erscheinungsbild des Fußrückens, wenn an den Köpfen der Mittelfußknochen eine Reihe von Vertiefungen entsteht. Zusätzlich gibt es ein großes Fettpolster unter dem Fuß, das Muskeln und Skelett beim Aufsetzen schützt, aber vor allem dämpft und die Bodenhaftung erhöht.

Venen

Hier interessieren uns nur die oberflächlichen Venen, die unter der Haut sichtbar sind. Ihr Verlauf ist größtenteils zufällig. Angelehnt an die Werke von H. Rouvière und A. Delmas zeige ich hier eine schematische Darstellung der Hauptvenen. Beachte aber, dass das nur beispielhaft zu verstehen ist.

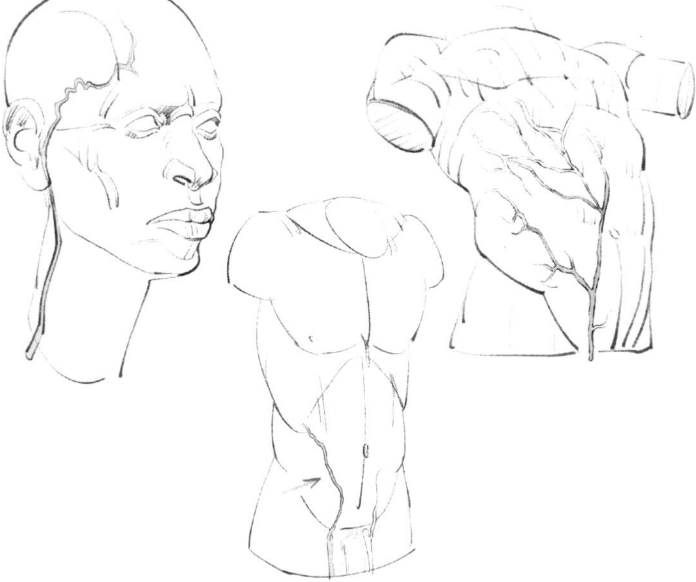

Die Venen können von Mensch zu Mensch und auch bei ein und derselben Person sehr unterschiedlich groß sein. Sie dehnen sich mit dem Blutfluss aus und vergrößern sich bei regelmäßiger und anhaltender Anstrengung. Sie können knorrig aussehen und sich wie ein Fluss winden. Sie sind oft miteinander verbunden und »bilden ein Netz aus sehr ungleichen Maschen« (Paul Richer).

Die Venen sind vor allem an Händen und Füßen sichtbar, weshalb sie in diesem Band auch erwähnt werden. Da sie in anderen Titeln der Reihe nicht erwähnt werden, stelle ich hier kurz die wichtigsten vor, auch in Bezug auf Kopf und Oberkörper.

Im Kopf- und Halsbereich ist oft die Vena temporalis sichtbar, die in die Vena jugularis externa mündet und dabei den Musculus sternocleidomastoideus kreuzt. Von der Ecke des Kieferknochens ausgehend verläuft sie bis in die Vertiefung hinter dem Schlüsselbein.

Am Oberkörper zeigt Richer nur eine Vene – die oberflächliche Oberbauchvene, die vom Unterbauch quer über die Leistenfalte nach unten verläuft.

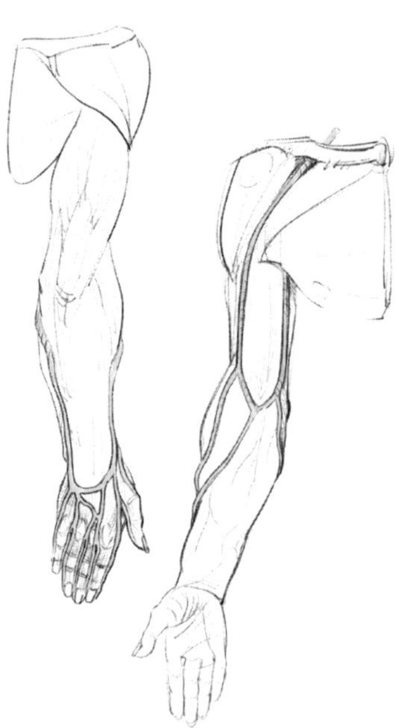

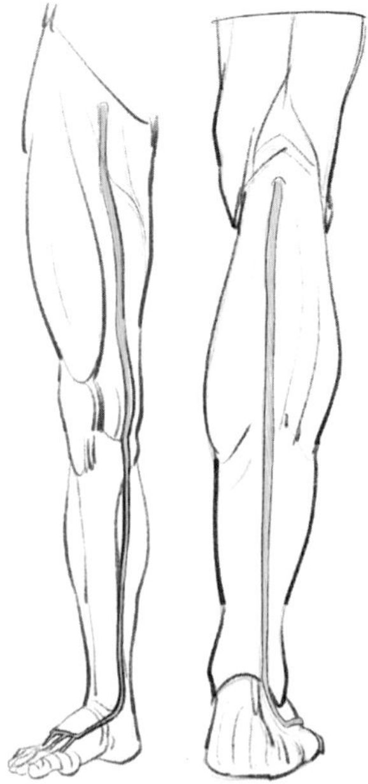

An den Armen verlaufen die Venen von den Fingerspitzen nach oben. Auf den ersten Fingergliedern bilden sie unter den Knöcheln eine Reihe von Bögen, bevor sie alle auf dem Handrücken zu einem großen Bogen zusammenlaufen. Zwei Äste winden sich anschließend um den Unterarm, treffen sich in der Armbeuge und steigen dann auf beiden Seiten des Bizeps in zwei Venenstämmen weiter auf. Auf der Innenseite verliert sich die Vena basilica in der Achselhöhle. Außen verläuft die Vena cephalica zwischen dem Musculus deltoideus und dem Musculus pectoralis major und verschwindet in einer Vertiefung unter dem Schlüsselbein.

Die ursprünglich zahlreichen und zufällig verlaufenden Äste werden nach oben hin immer größer und weniger – und damit einfacher zu erfassen und zu zeichnen.

An den Beinen ist das Muster ähnlich. Die Venen beginnen auch hier auf der Oberseite der Zehen und des Fußes, bilden einen Bogen und laufen in zwei Hauptstämmen zusammen. Die Saphena magna verläuft bis zum Hüftgelenk und folgt dabei dem Verlauf des Musculus sartorius auf dem Oberschenkel, während die Saphena externa in der Kniebeuge endet.

BEISPIELZEICHNUNGEN

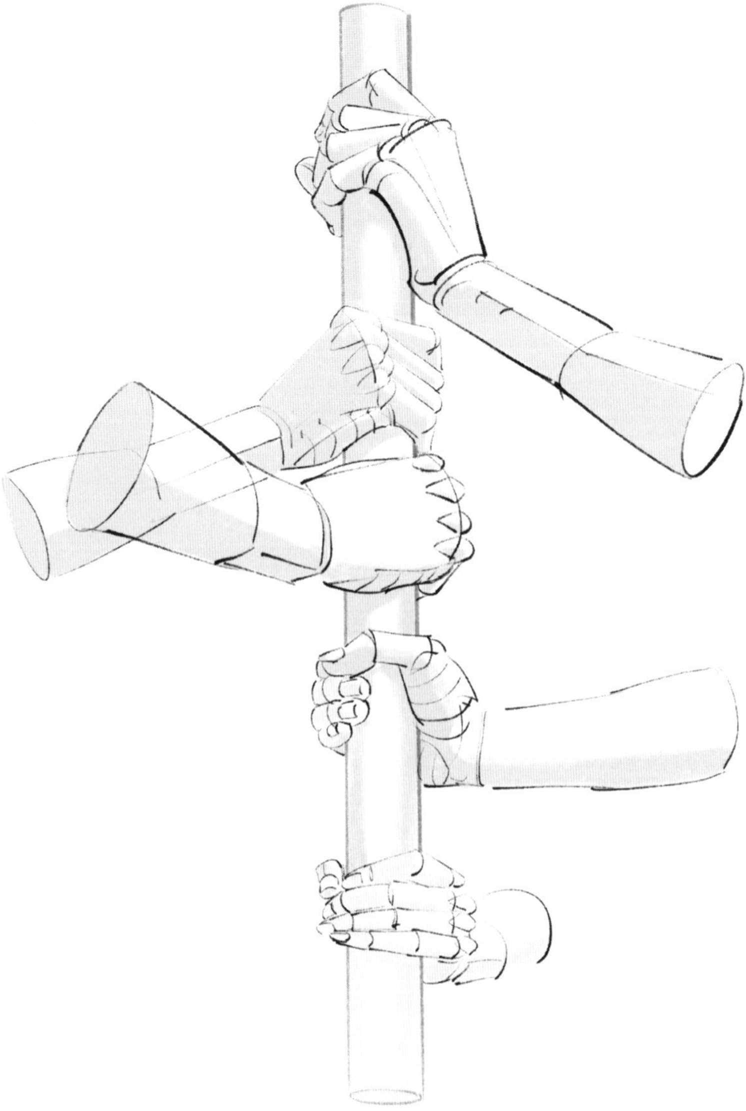

HÄNDE

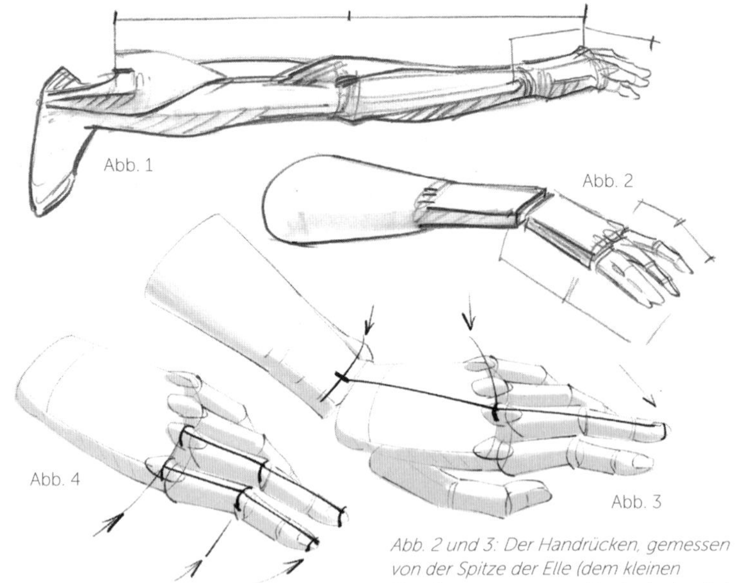

Abb. 2 und 3: Der Handrücken, gemessen von der Spitze der Elle (dem kleinen Knochenvorsprung am Handgelenk auf der Seite des kleinen Fingers), ist genauso lang wie der längste Finger.

Abb. 1: Das Ellenbogengelenk liegt auf halber Strecke zwischen dem höchsten Punkt der Schulter und dem Ende des Handrückens (Knöchel).

Abb. 2 und 4: Das erste Glied jedes Fingers (mit Ausnahme des Daumens) ist so lang wie die beiden folgenden zusammen.

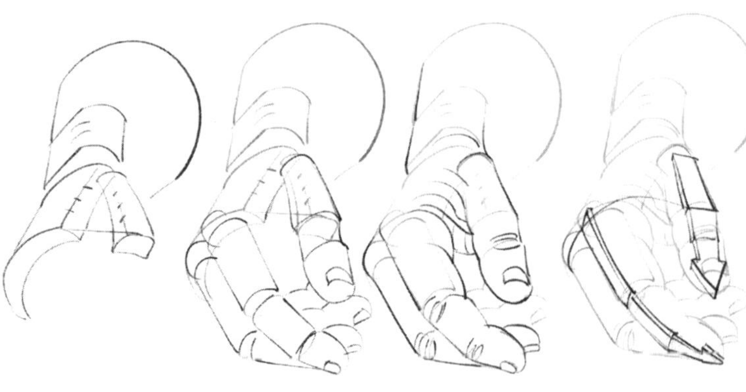

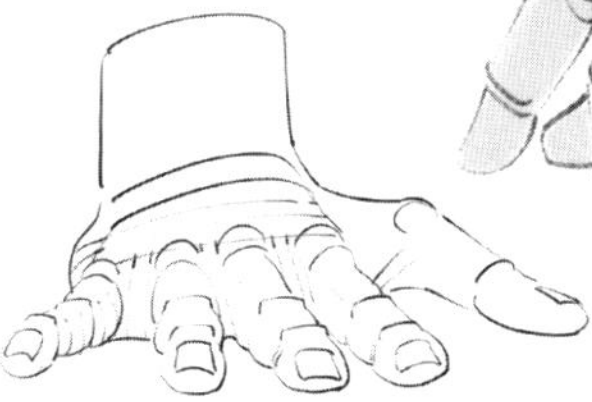

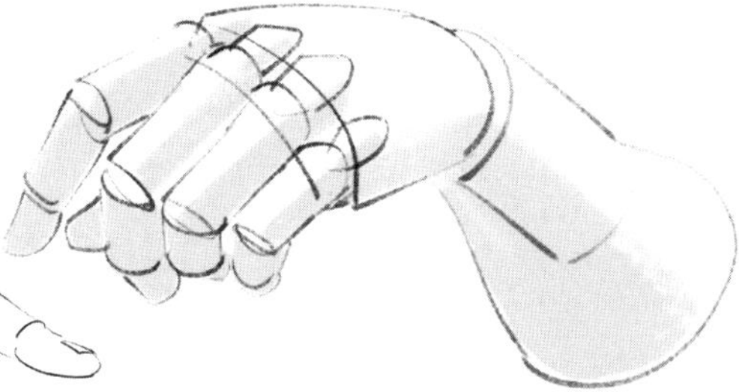

Der Handrücken ist flach und im Ruhezustand leicht gewölbt. Er ist flexibel und lässt sich ganz flach machen oder noch runder formen. Die Finger bestehen aus drei Gliedern – mit Ausnahme des Daumens, der nur zwei hat. Da sich sein Mittelhandknochen aber bereits ab dem Handgelenk unabhängig bewegen lässt, scheint auch er aus drei beweglichen Segmenten zu bestehen.

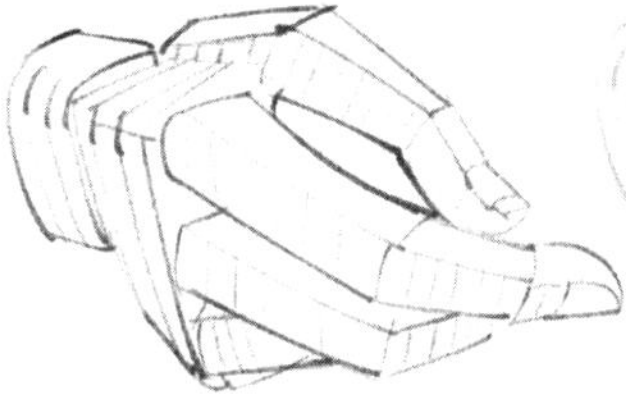

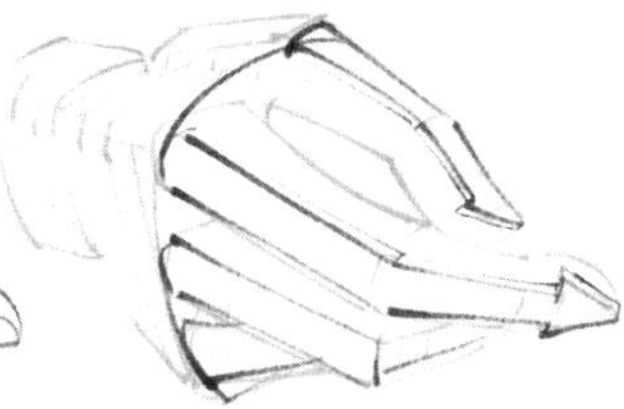

Die Hand ist ein Greifgerät. Dafür hat die Natur den Daumen den anderen Fingern gegenübergestellt. Im Ruhezustand kann man ihn senkrecht zum Zeigefinger zeichnen.

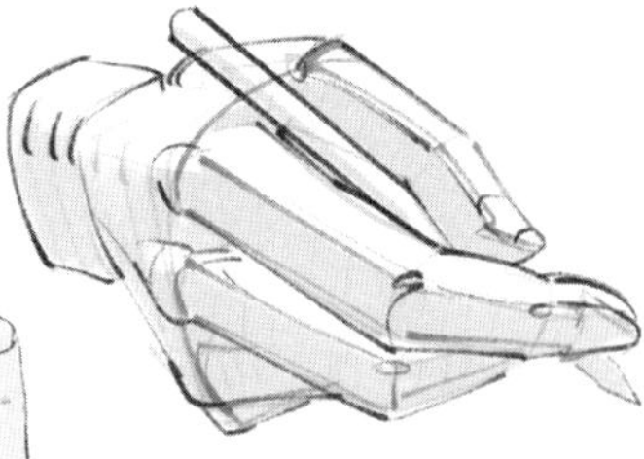

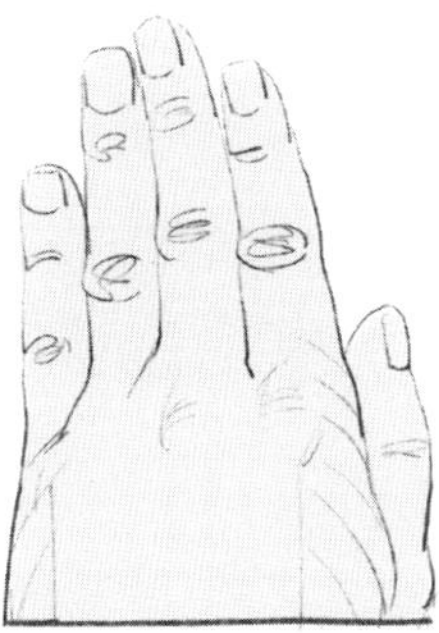

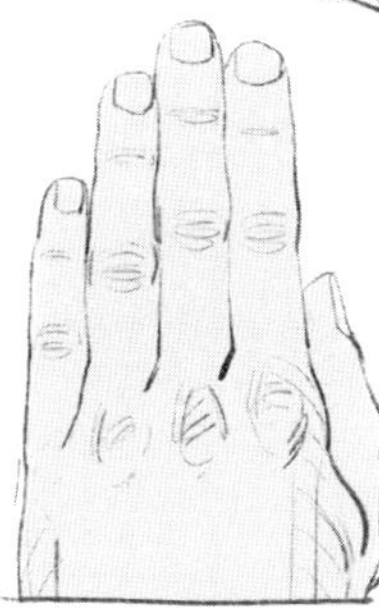

Zeige- und Ringfinger streiten sich um den zweiten Platz, was die Fingerlänge angeht.

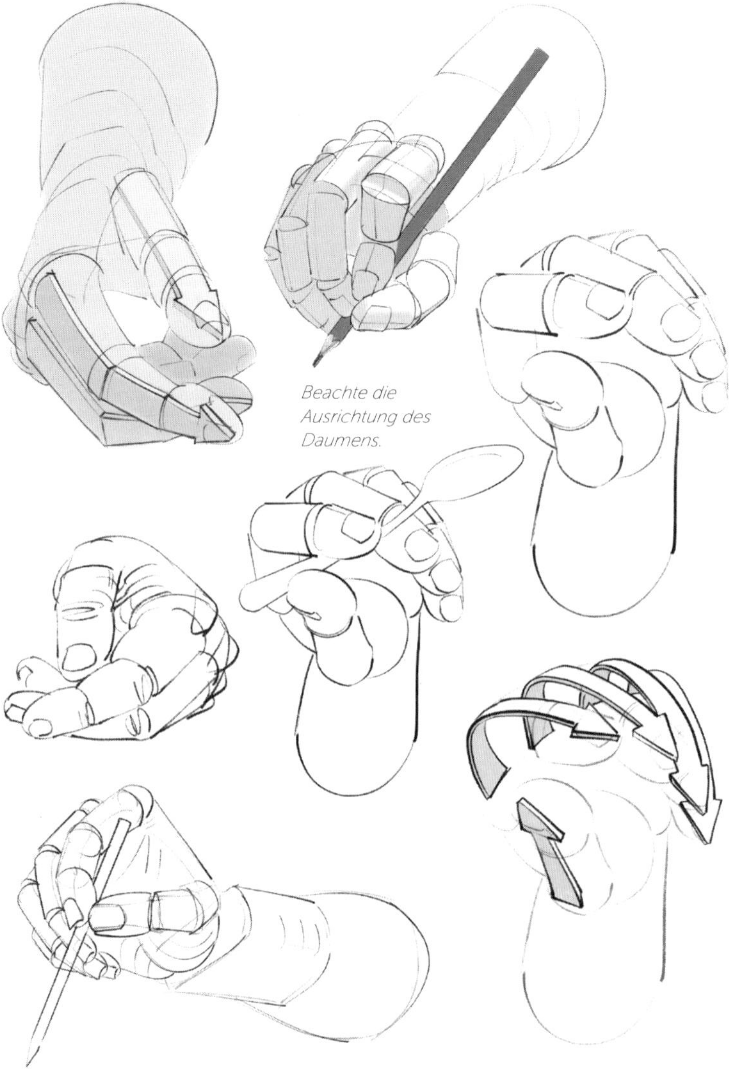
Beachte die
Ausrichtung des
Daumens.

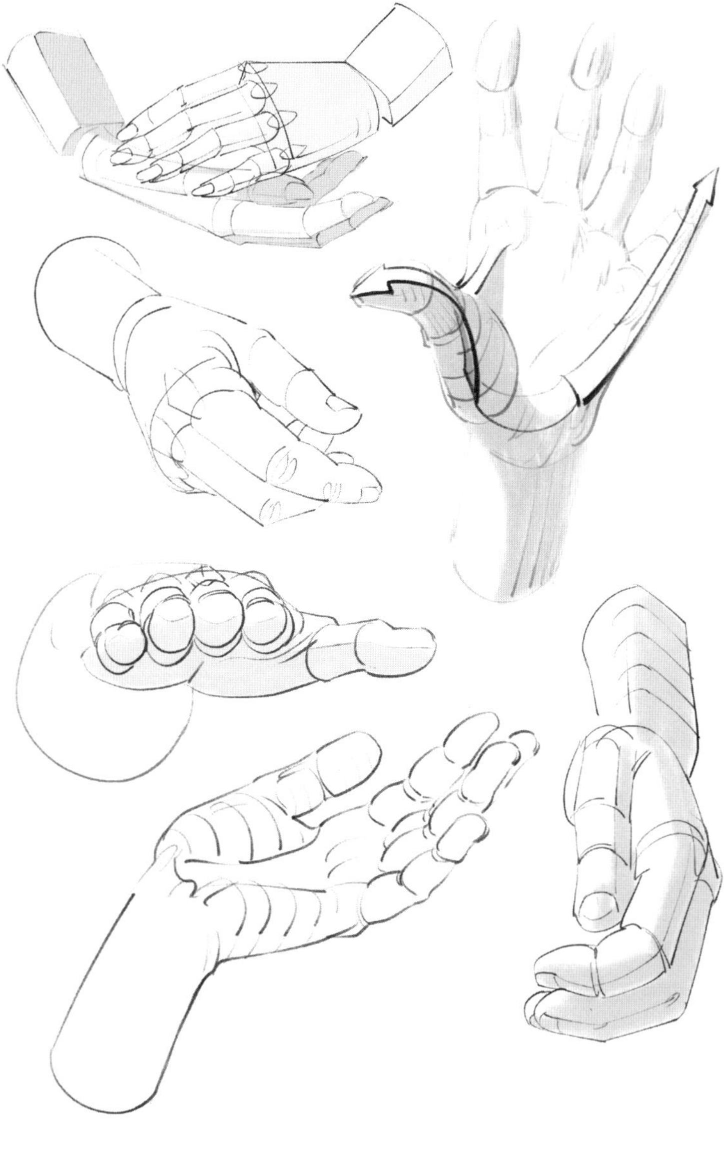

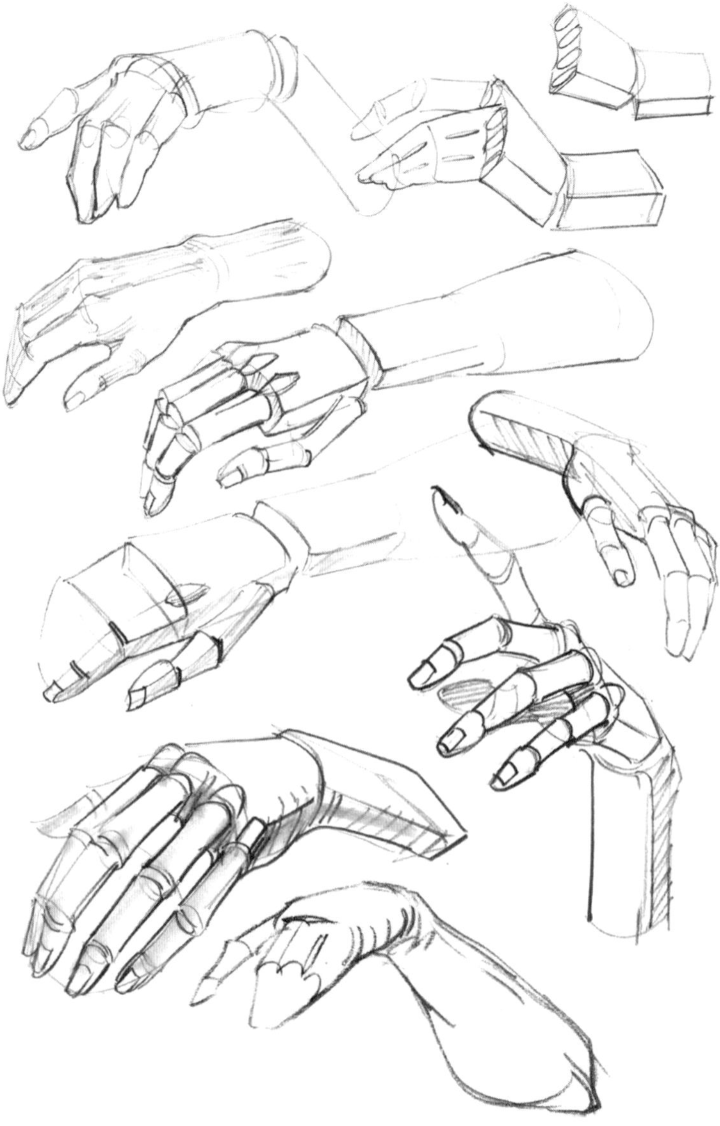

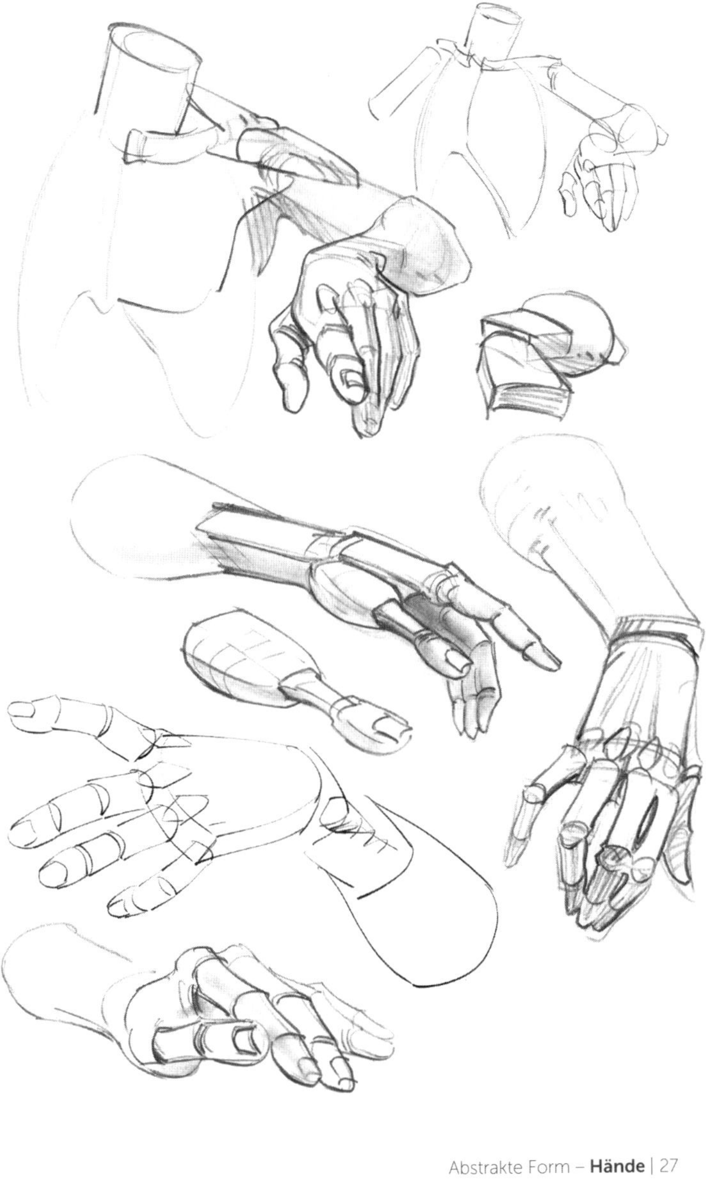

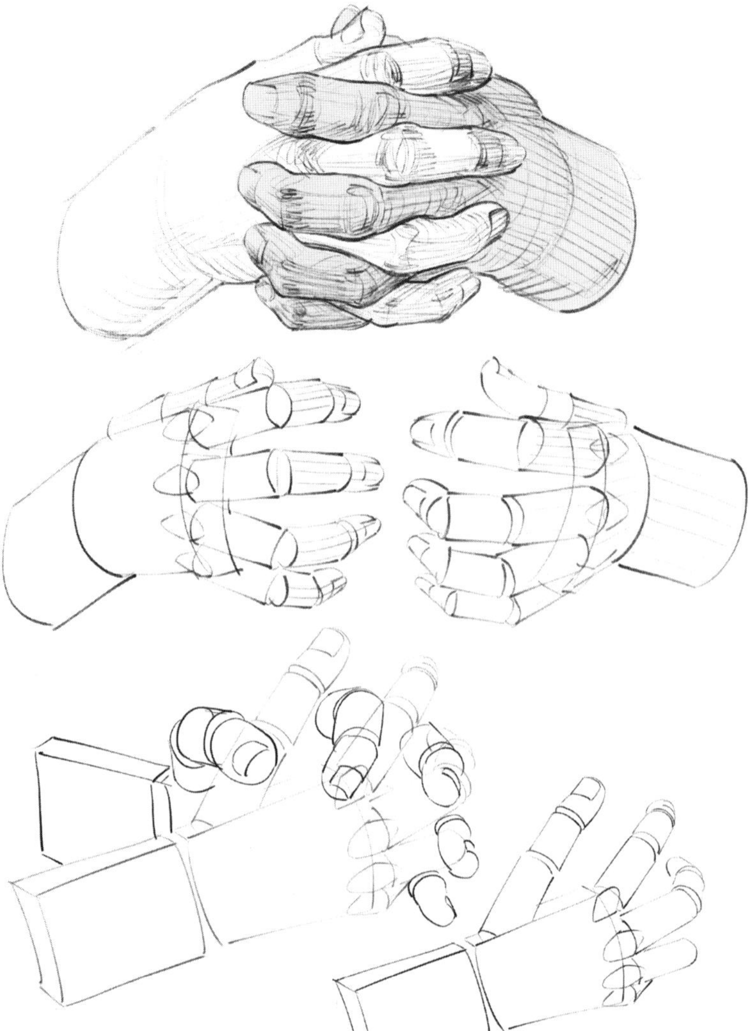

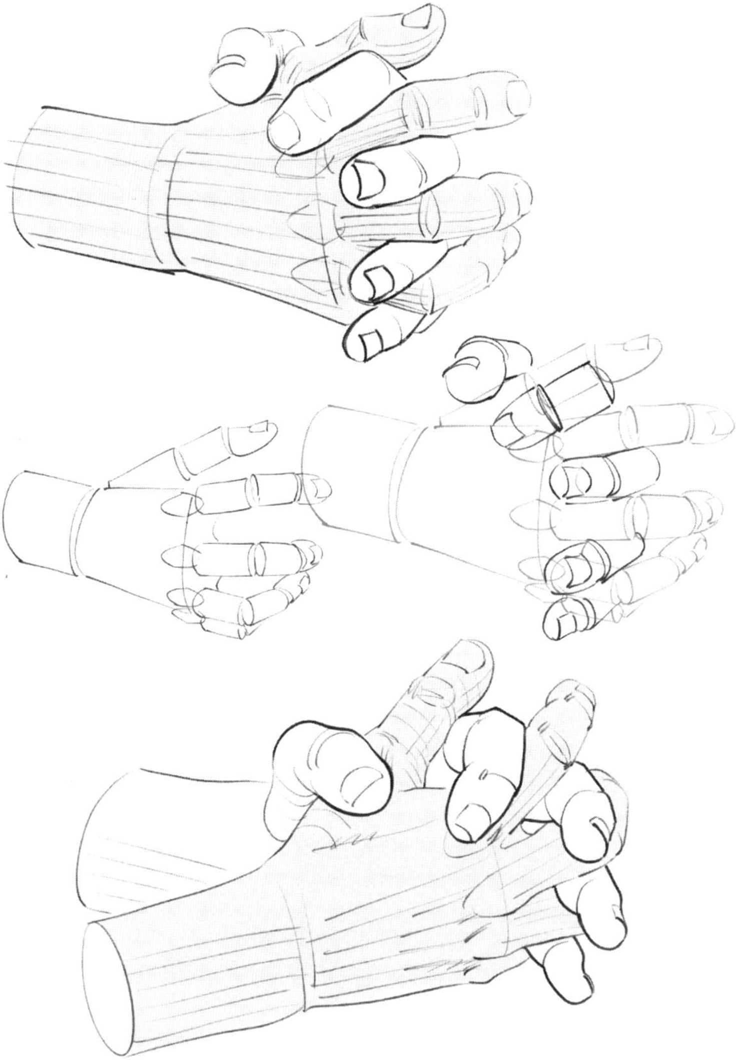

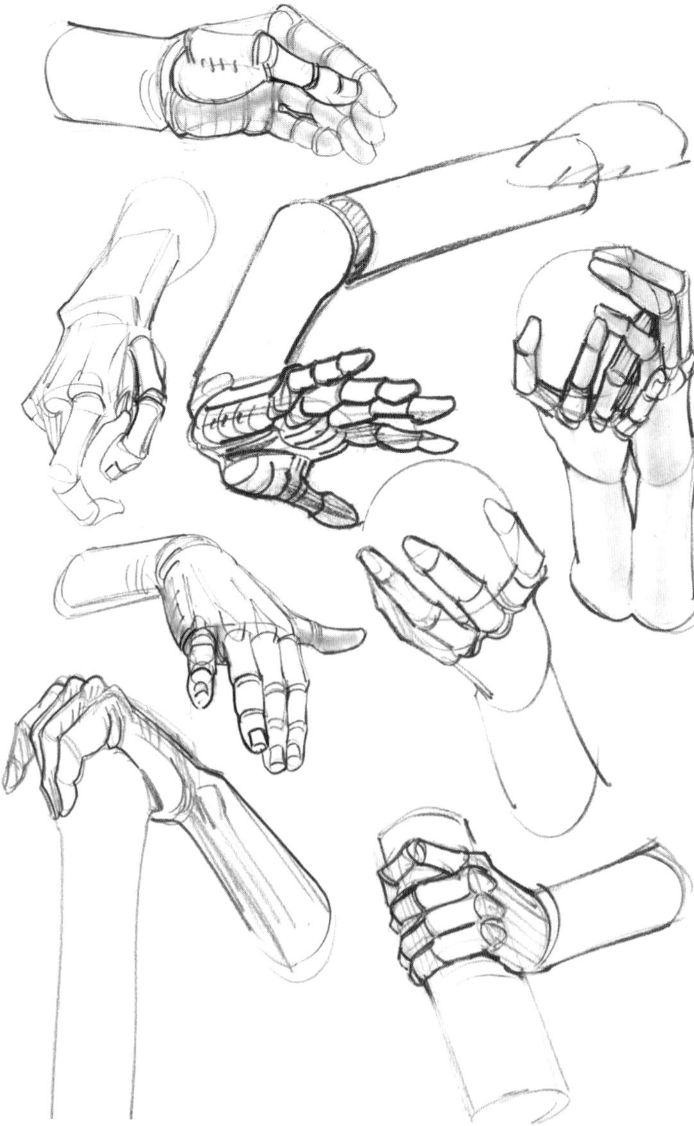

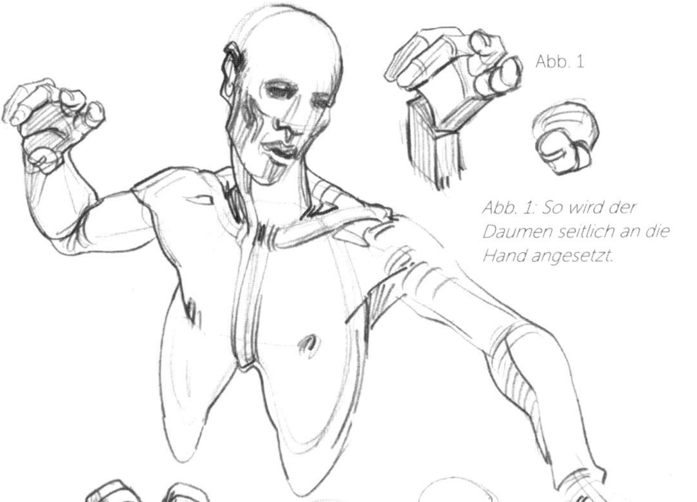

Abb. 1

Abb. 1: So wird der Daumen seitlich an die Hand angesetzt.

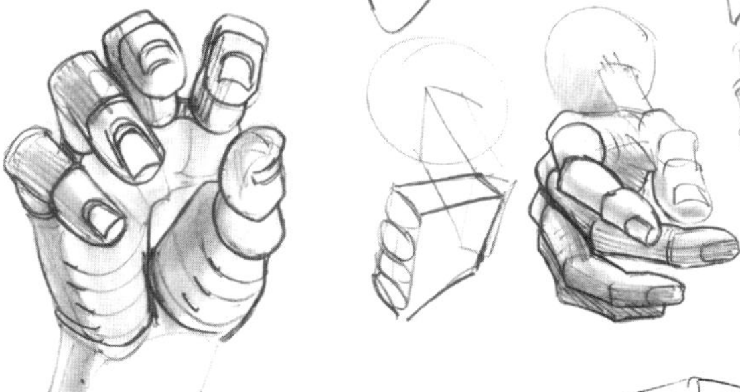

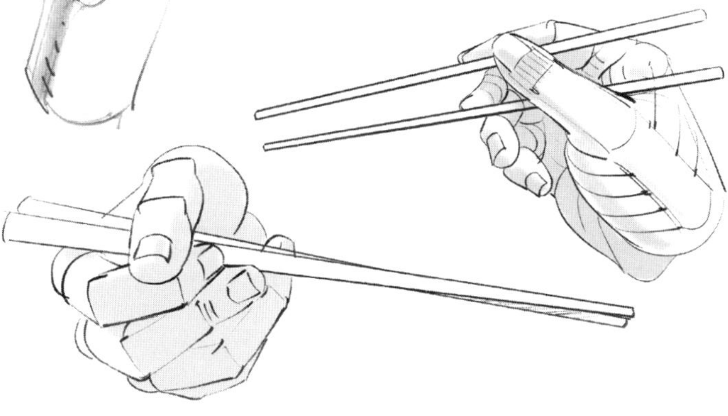

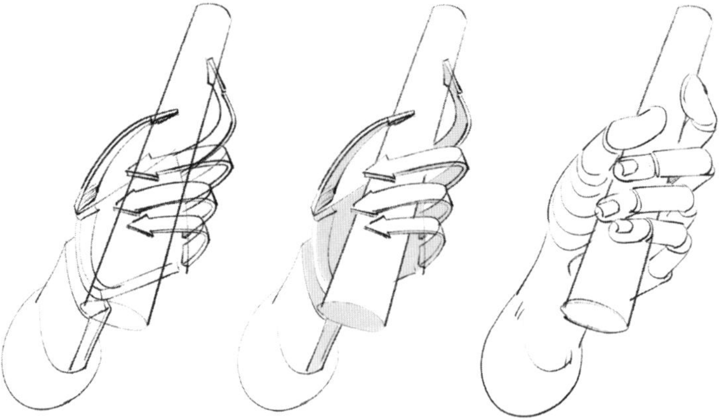
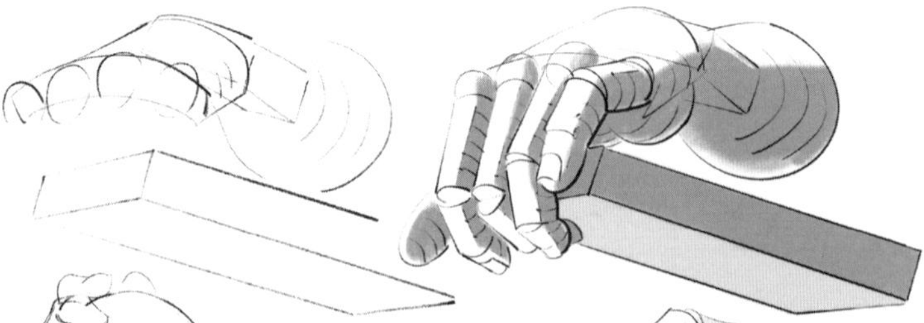
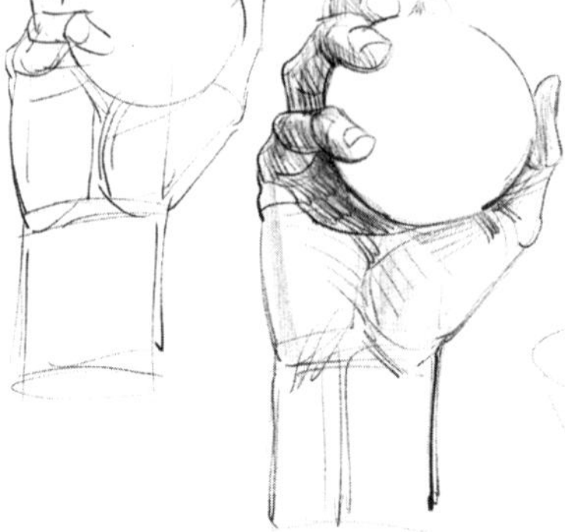
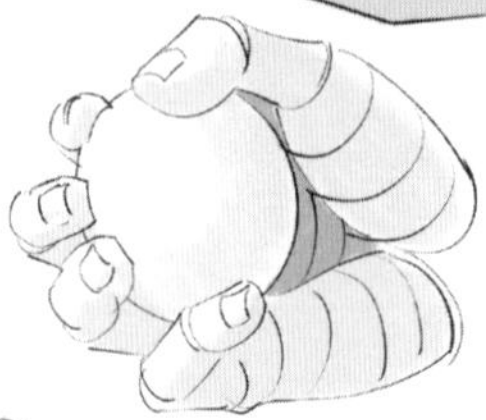
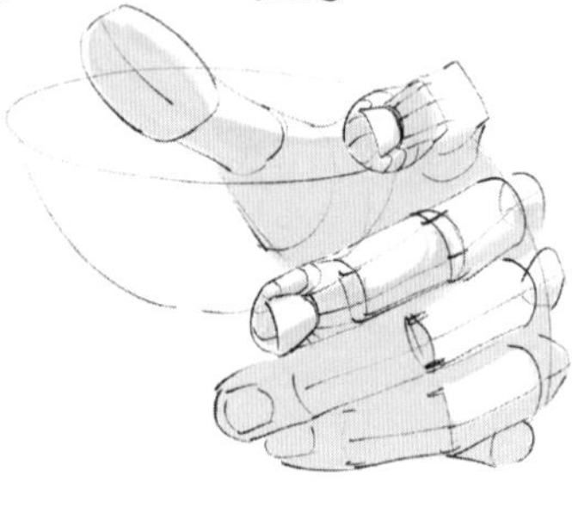

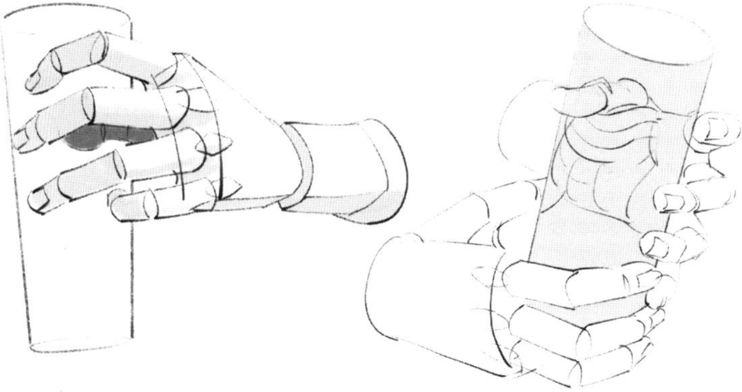

Jedes Objekt wird zunächst auf seine abstrakte Form reduziert. Die Hände werden in einem zweiten Schritt um die Formen herum gezeichnet, um sie perspektivisch gut zu verstehen.

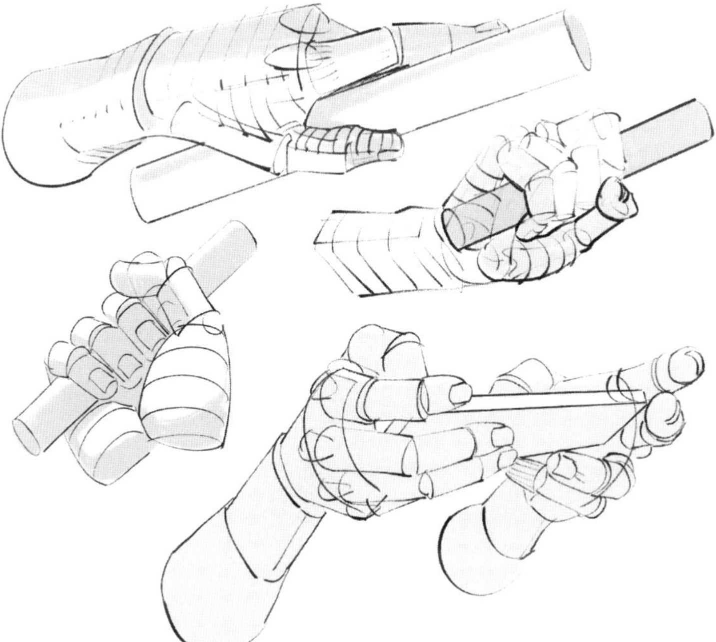

Abb. 1

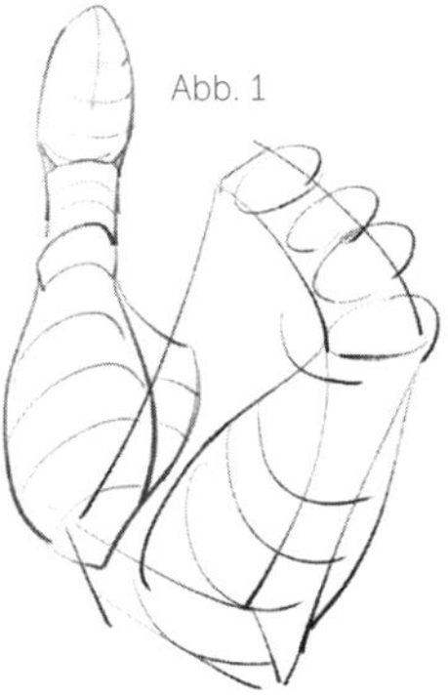

Abb. 2

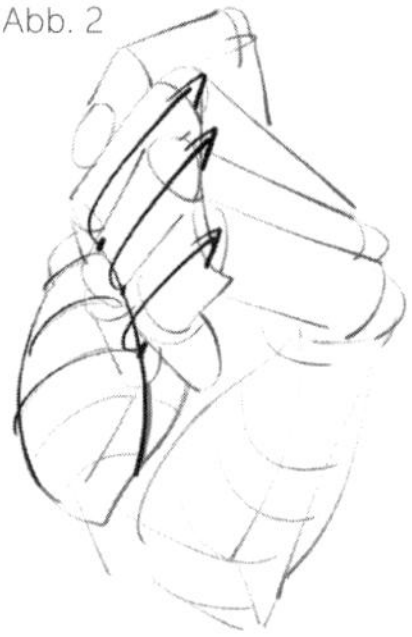

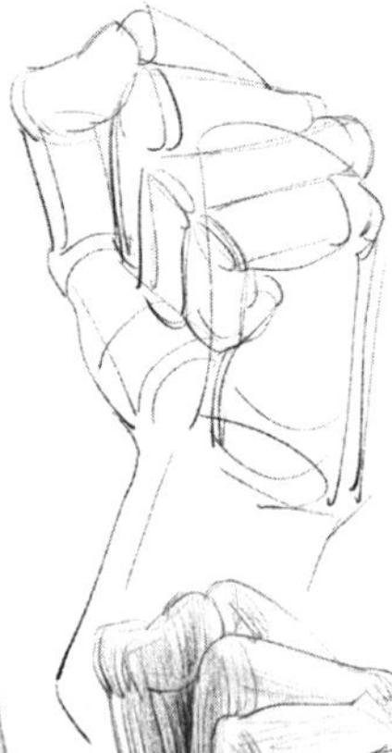

Abb. 1: Die Finger wurden entfernt, um den Ballen am Daumen sichtbar zu machen.

Abb. 2: Bei geschlossener Faust setzt der kleine Finger in der Hohlhand auf, während die anderen Finger diesem Ballen ausweichen müssen und deshalb zum Daumen hochwandern.

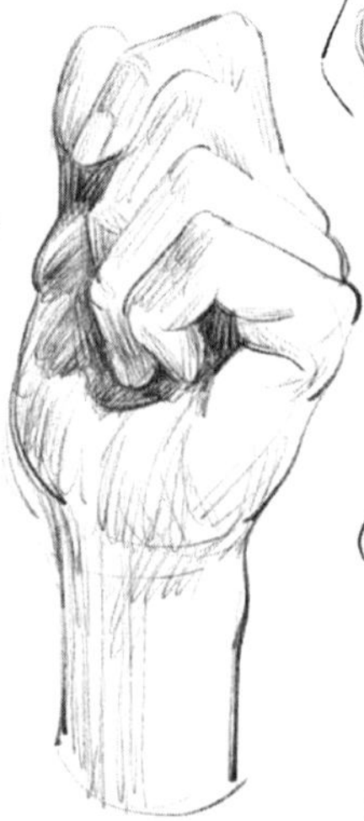

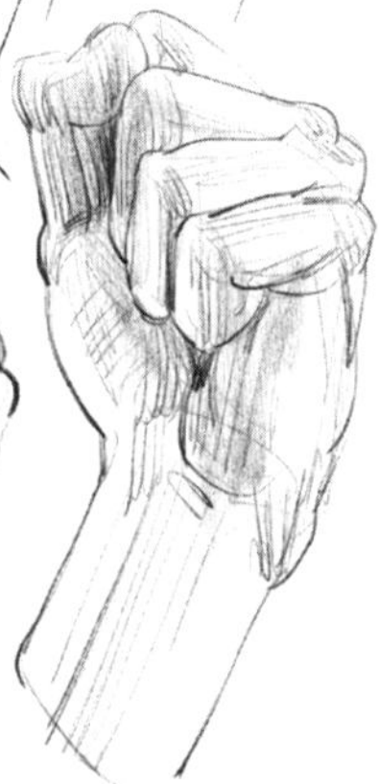

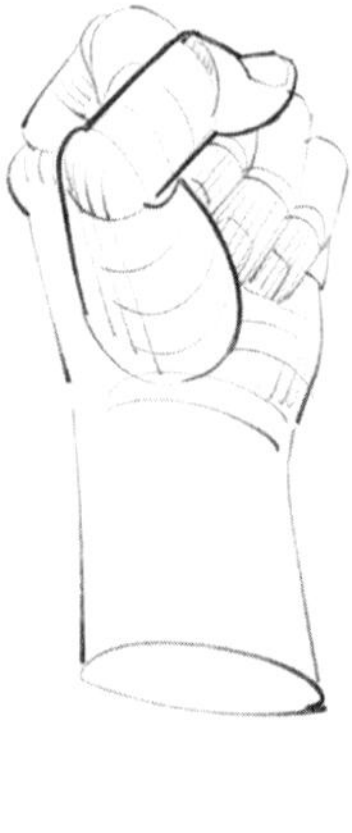

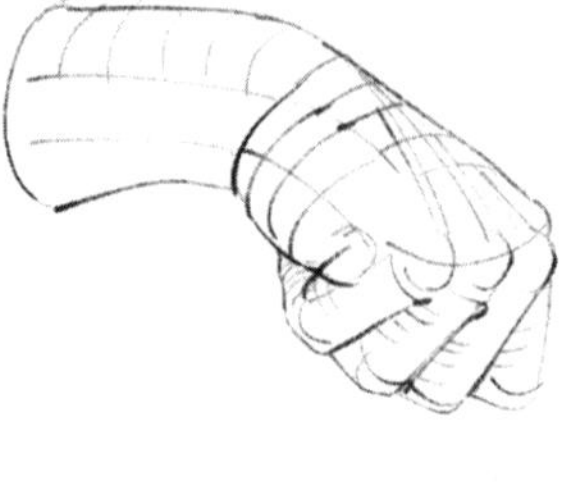

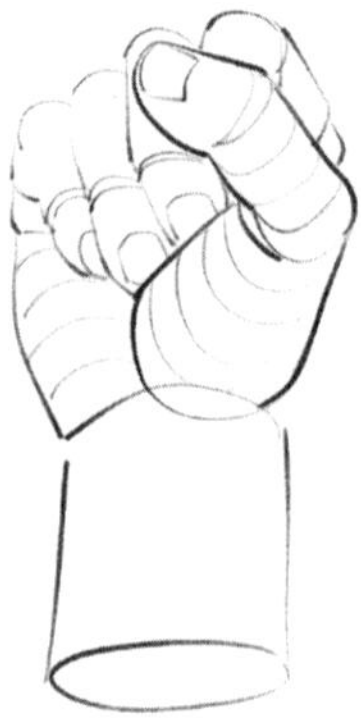

Abb. 3

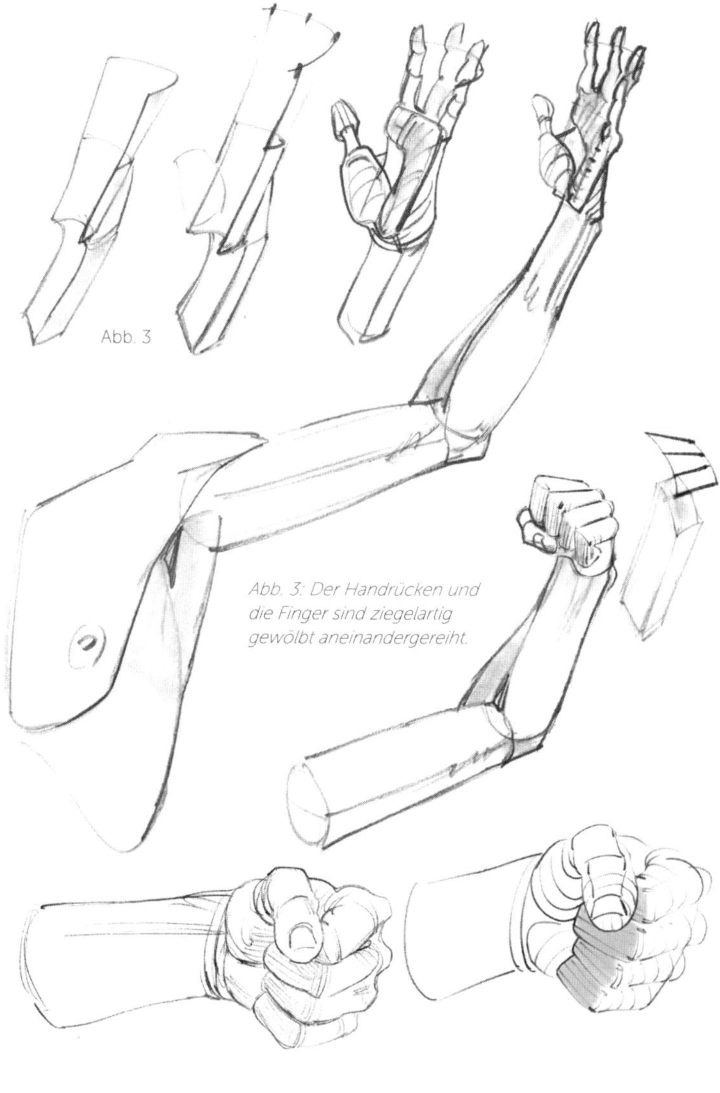

Abb. 3: Der Handrücken und die Finger sind ziegelartig gewölbt aneinandergereiht.

Wenn du die Formen noch genauer verstehen möchtest, scheint ein Ausflug in die Anatomie unumgänglich. Die Drehbewegungen der Hand werden am Ellenbogenende des Oberarmknochens ausgeführt (Abb. 1).
Die Hand ist die Verlängerung der Speiche. Sie verläuft beim sogenannten Untergriff parallel zur Elle (mit dem Ellenbogen am Ende, Abb. 2 und 3) und kreuzt sie beim Obergriff (Abb. 4 und 5).

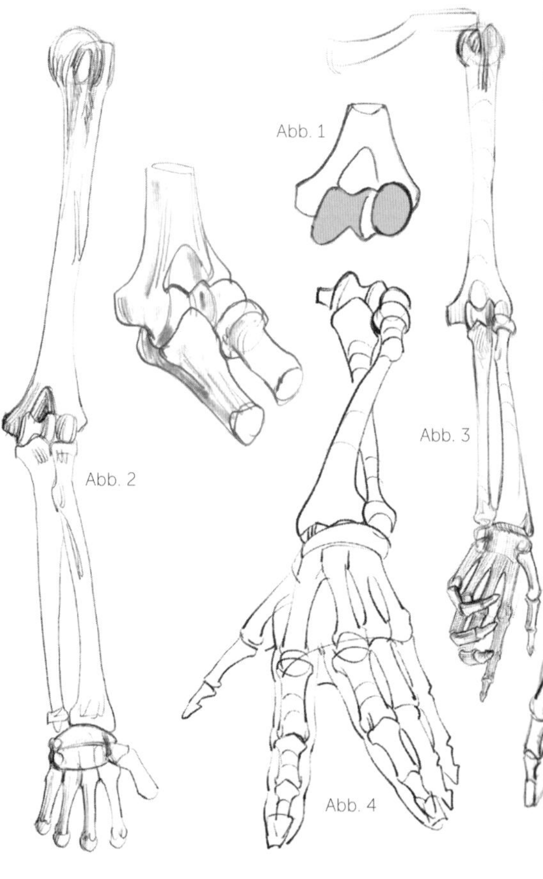

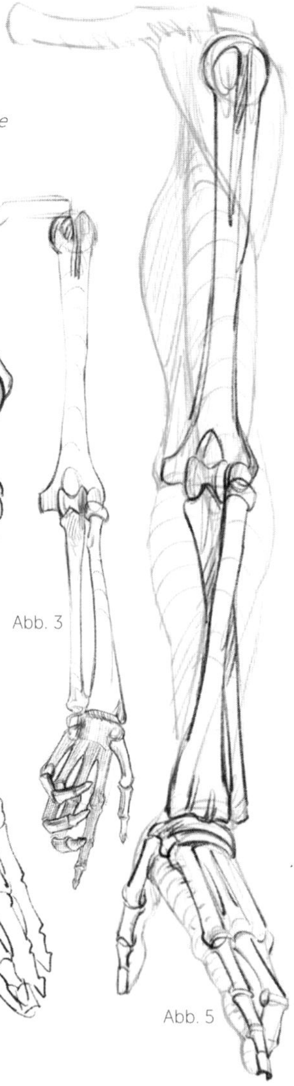

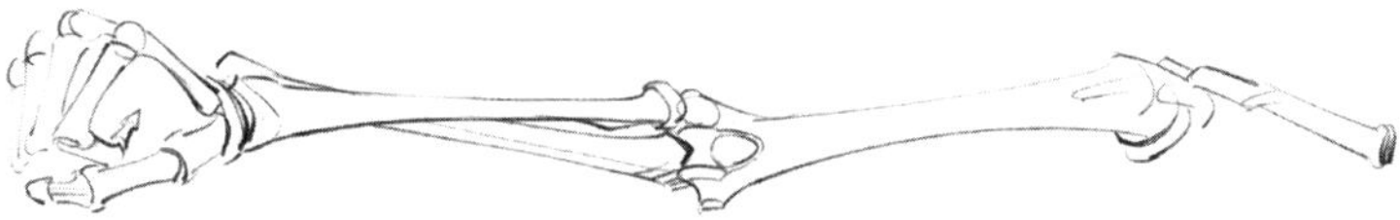

Acht kleine Knochen am Handgelenk bilden eine Schiene (Abb. 6) für die Beugersehnen, die wir später noch genauer betrachten. Die Ränder dieser Schiene sind an der »Ferse« der Hand zu sehen (Abb. 7 und 8). Die ersten Fingerknochen (Mittelhandknochen) bilden den Handrücken, und abgesehen von dem des Daumens, der sich unabhängiger bewegen kann, sind sie sich sehr ähnlich.

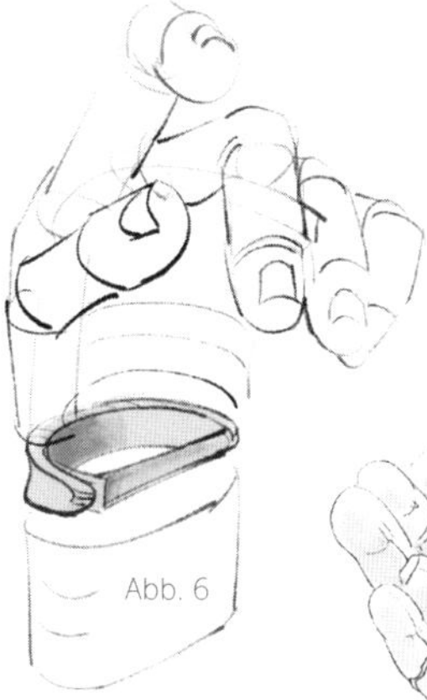

Abb. 6

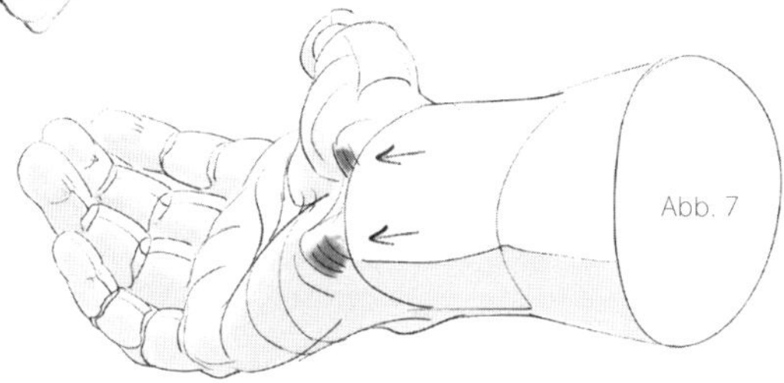

Abb. 7

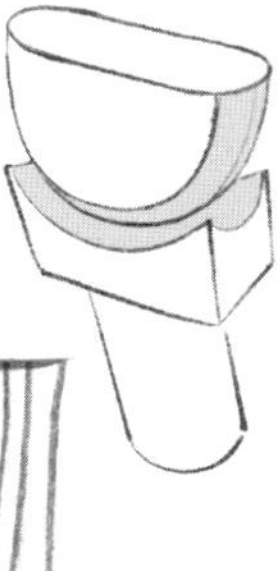

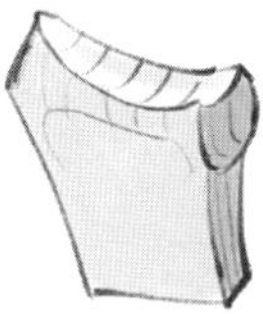

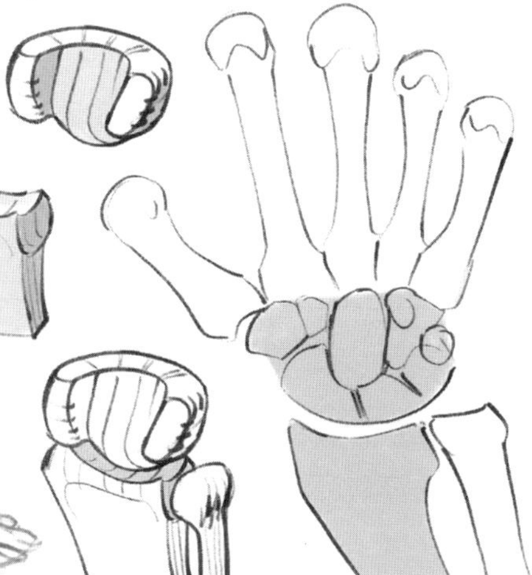

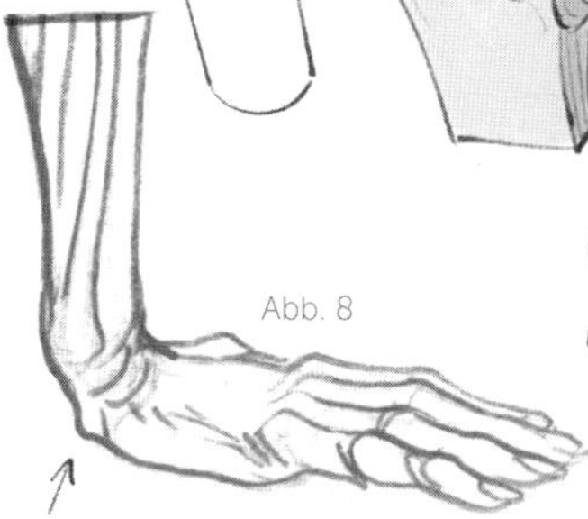

Abb. 8

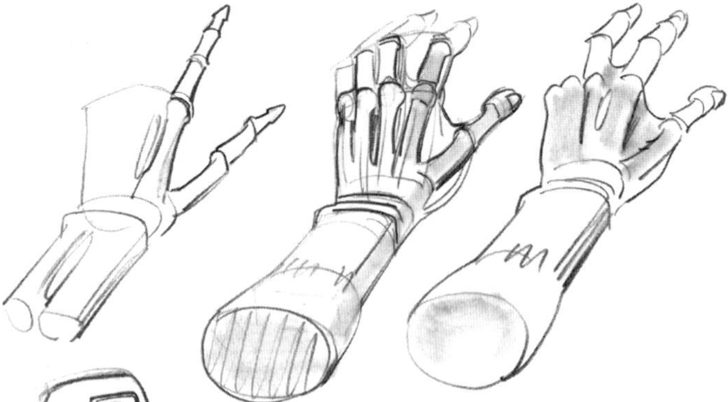

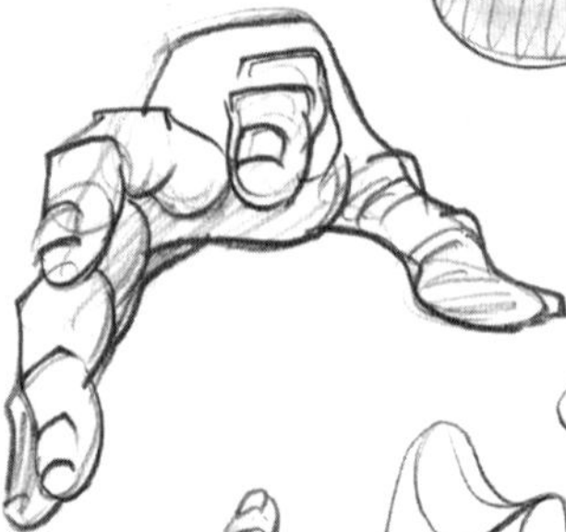

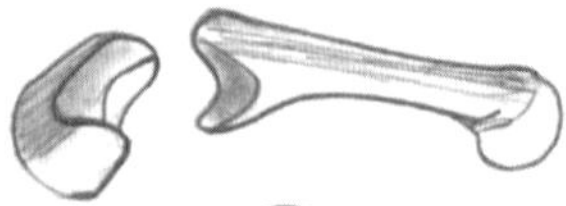

Abb. 1

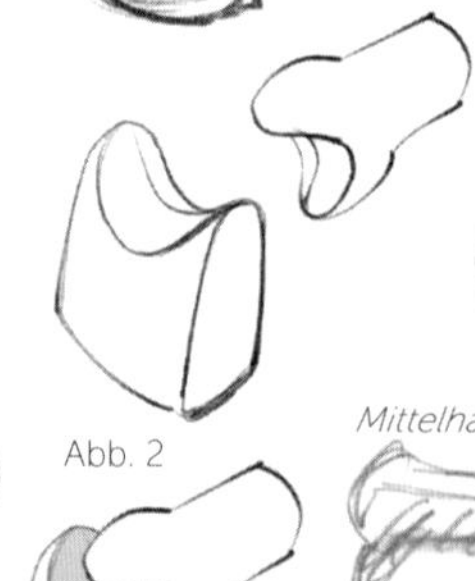

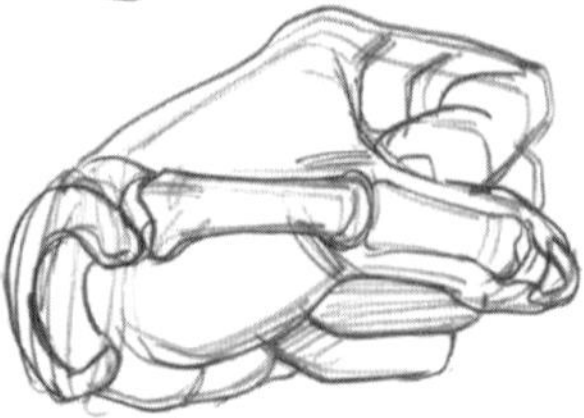

Abb. 2

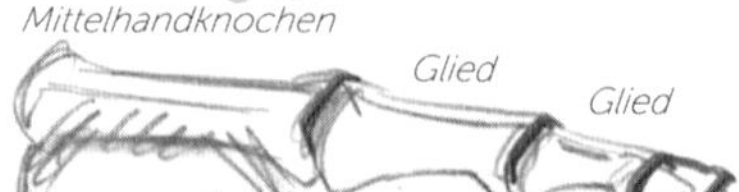

Abb. 3

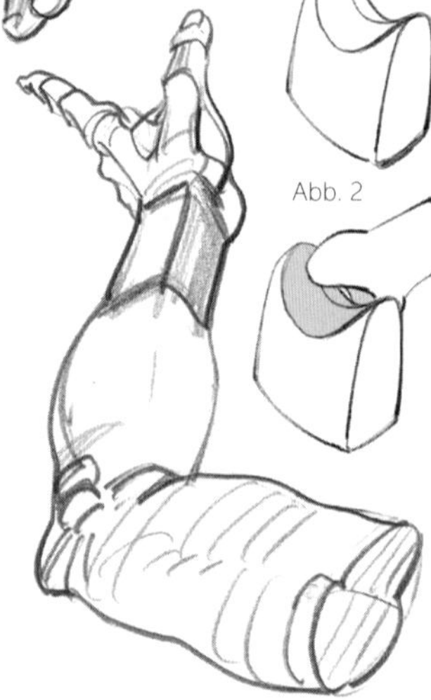

Abb. 1, 2 und 5: Der Mittelhandknochen des Daumens hat ein Sattelgelenk, das ihm große Beweglichkeit verleiht. Er liegt auf dem Rand der Schiene des Handgelenks und spreizt sich bei geschlossener Faust von den Fingern ab.

Abb. 3: Durch seinen beweglichen Mittelhandknochen scheint der Daumen wie auch die anderen Finger aus drei Segmenten zusammengesetzt, obwohl er nur zwei Glieder besitzt.

Mittelhandknochen

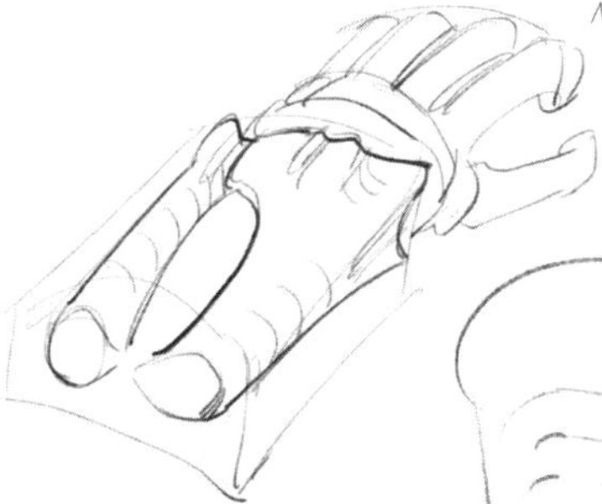

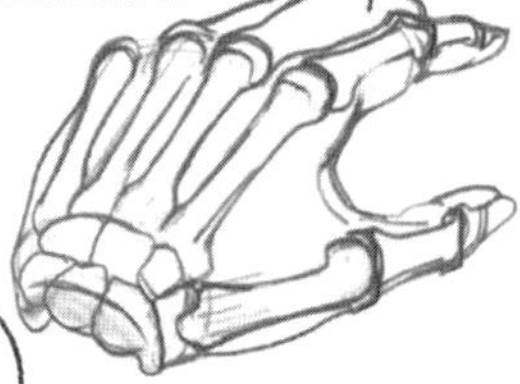

Abb. 4: Der Daumen ist am gewölbten Handrücken seitlich und nach innen verschoben.

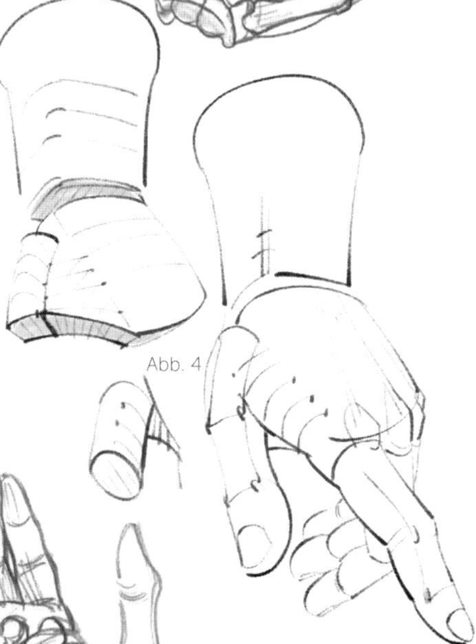

Abb. 4

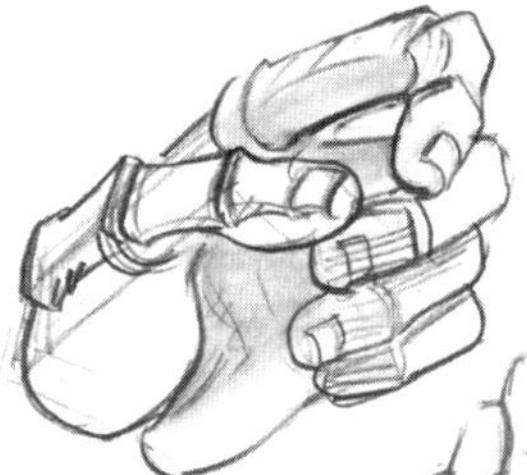

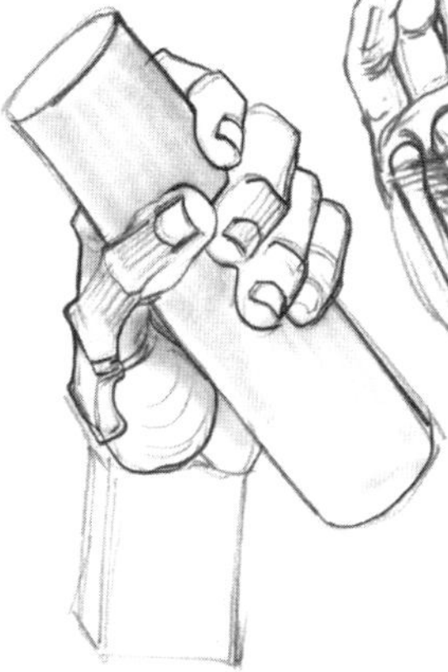

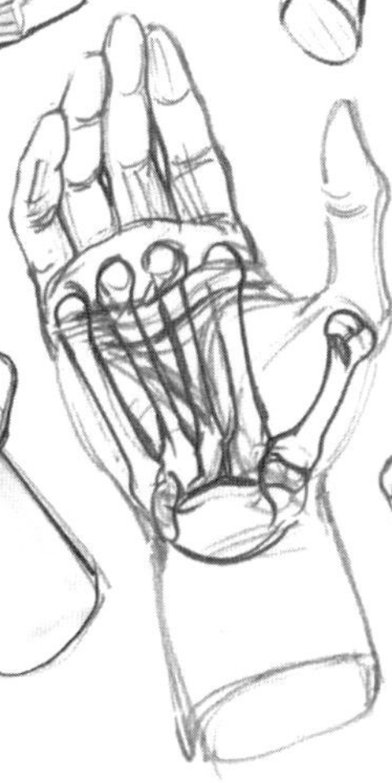

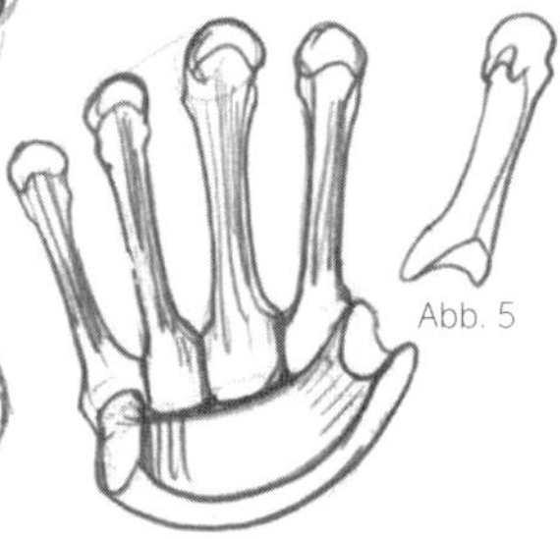

Abb. 5

Abb. 1

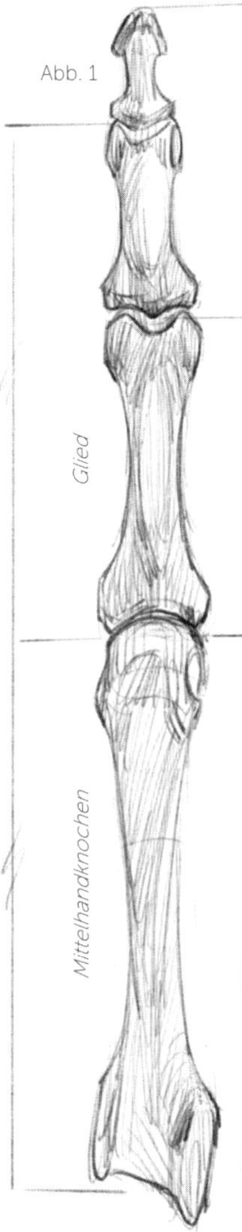

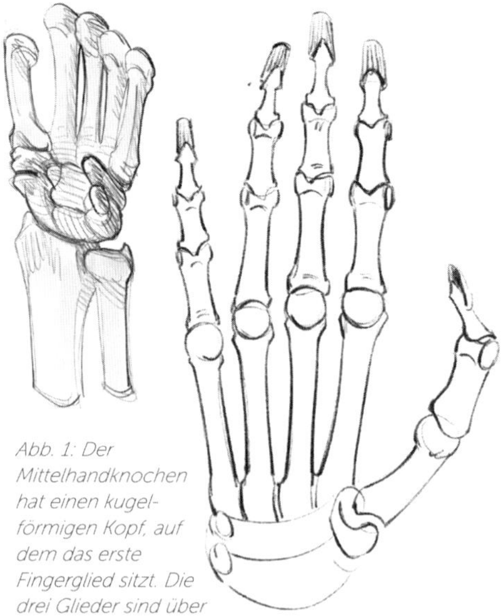

Abb. 1: Der Mittelhandknochen hat einen kugelförmigen Kopf, auf dem das erste Fingerglied sitzt. Die drei Glieder sind über zwei Scharniergelenke miteinander verbunden.

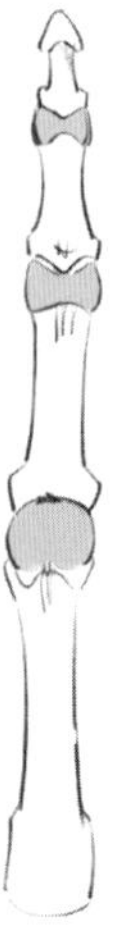

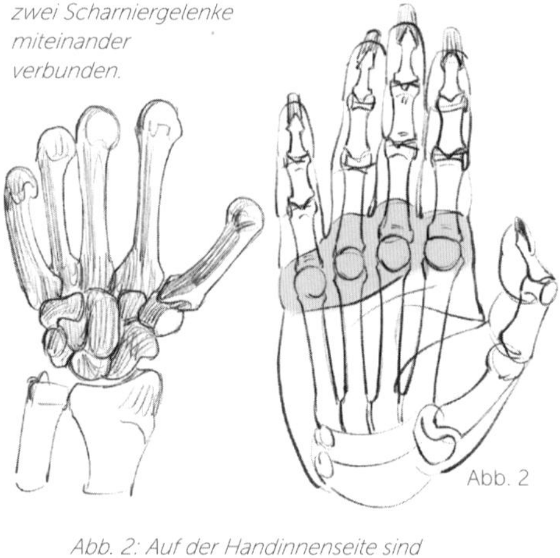

Abb. 2

Abb. 2: Auf der Handinnenseite sind die Köpfe der Mittelhandknochen durch eine Fettwulst verborgen und geschützt.

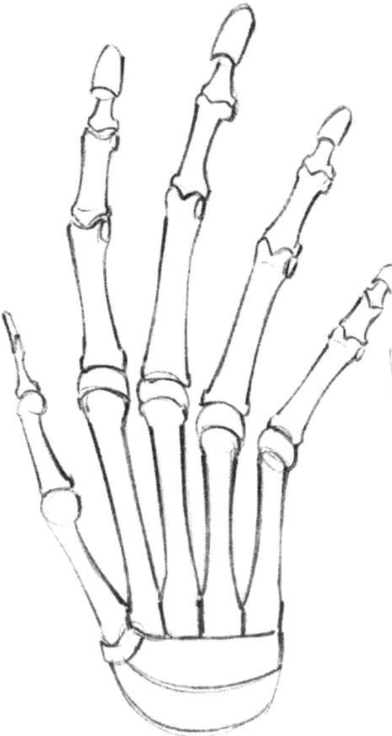

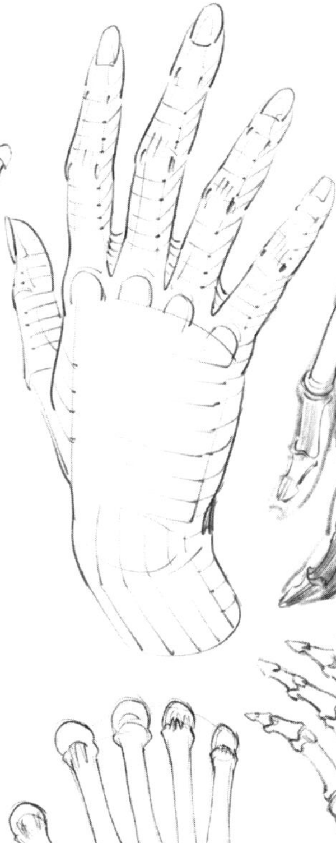

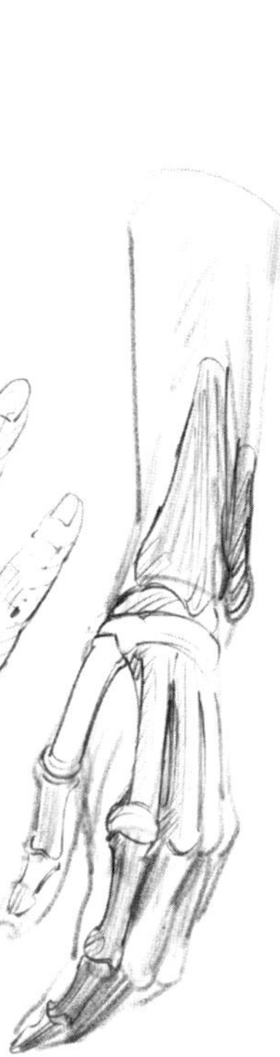

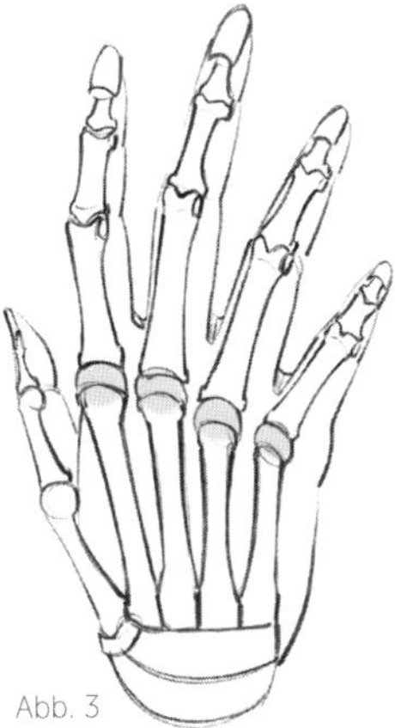

Abb. 3

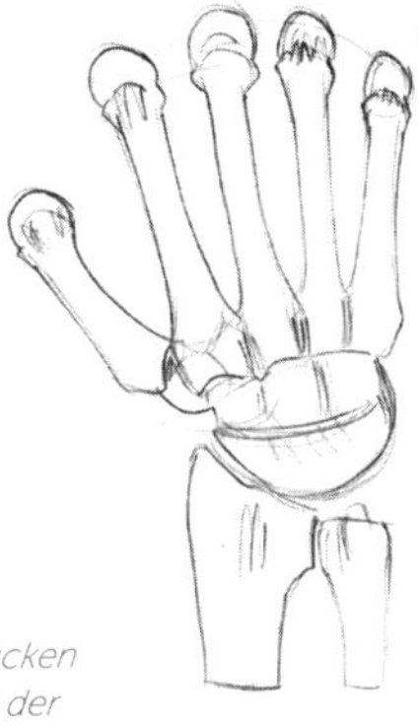

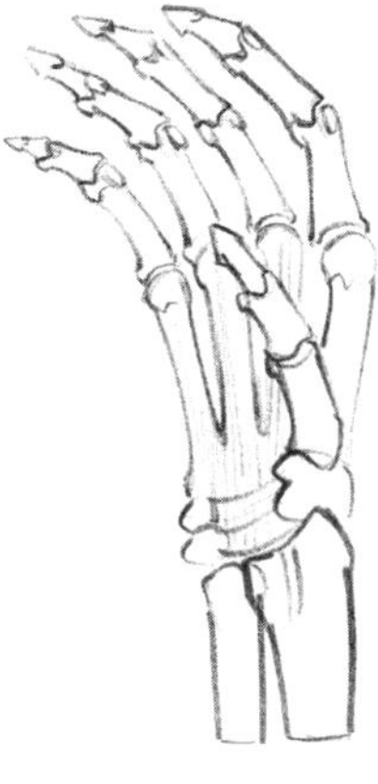

Abb. 3: Auf dem Handrücken zeichnen sich die Köpfe der Mittelhandknochen deutlich ab.

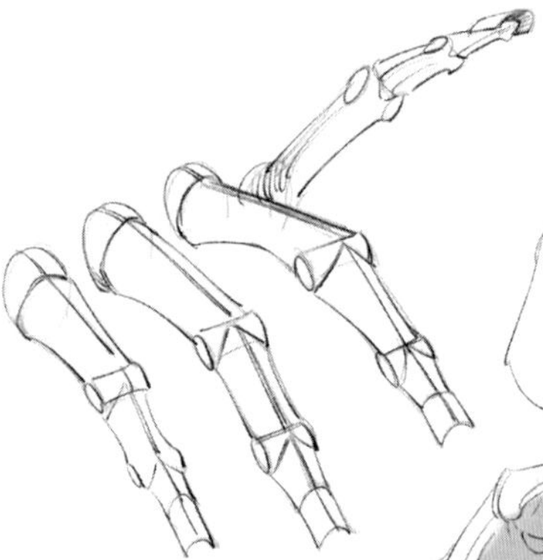

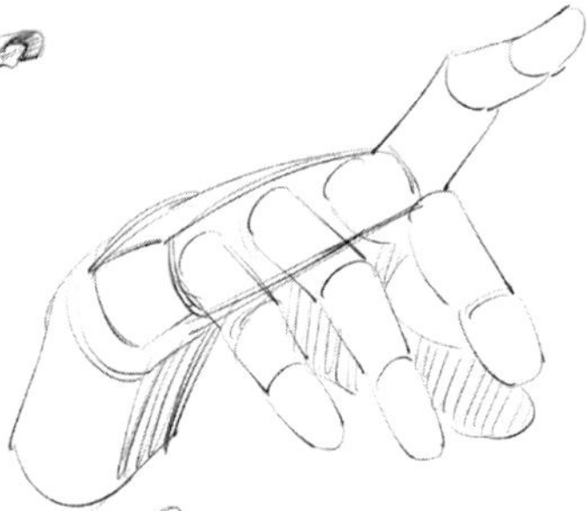

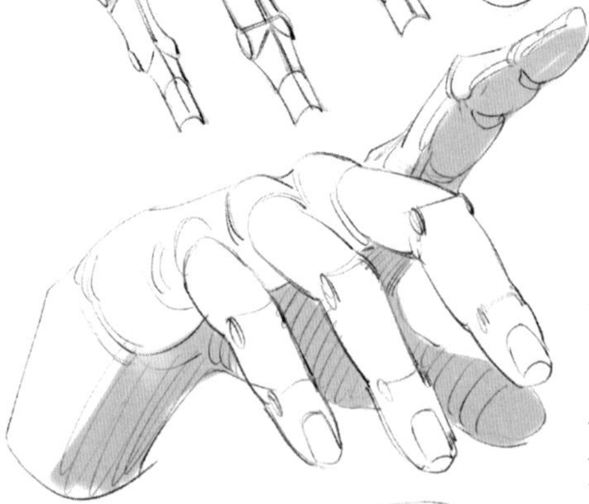

Der bewegliche Mittelhandknochen des Daumens unterscheidet sich deutlich. Die Mittelhandknochen der anderen Finger bilden den gleichmäßig geformten Handrücken. Ihre runden Köpfe stehen als Knöchelreihe hervor. Zwischen den Fingergliedern befinden sich Scharniergelenke mit zwei seitlichen Vorsprüngen und einer zentralen Querrille.

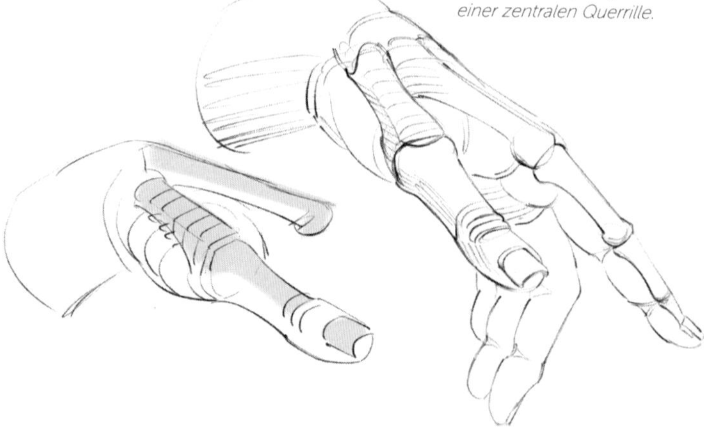

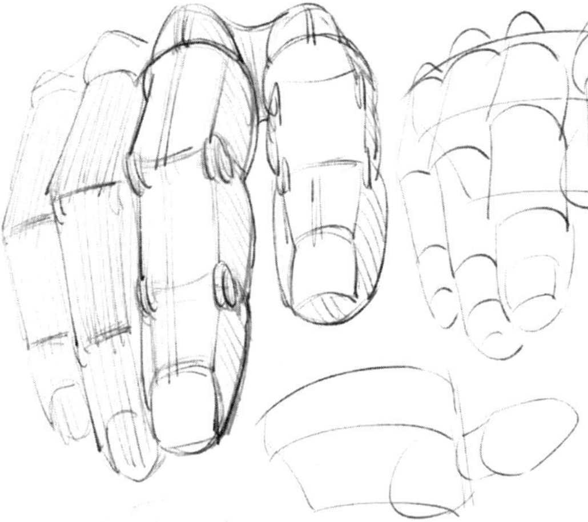

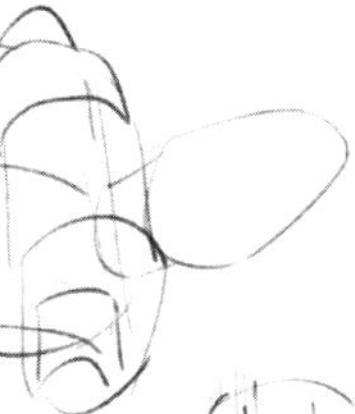

Abb. 1

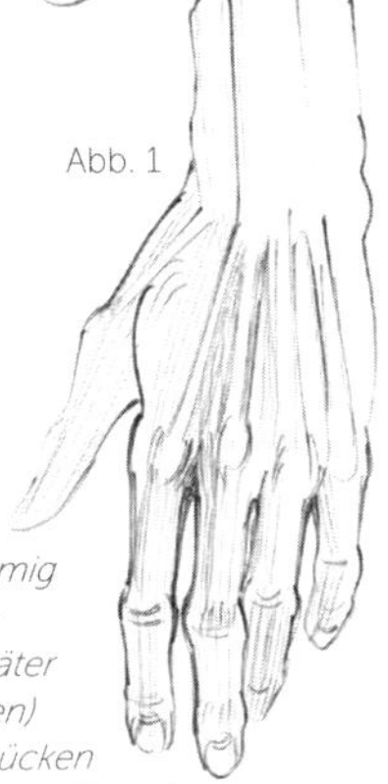

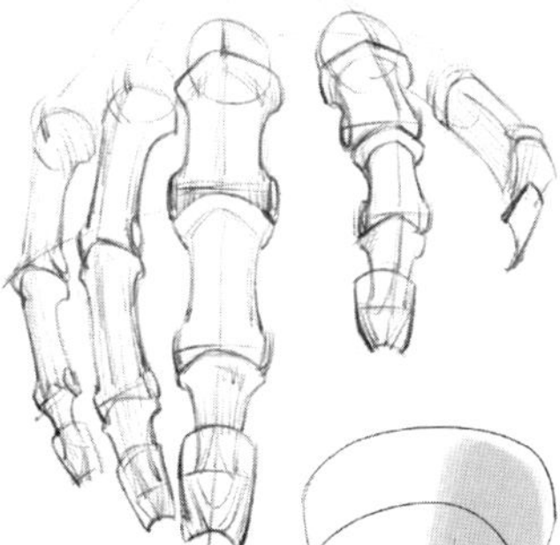

Abb. 1: Die strahlenförmig angeordneten Sehnen der Streckmuskeln (später ausführlich beschrieben) folgen auf dem Handrücken nicht genau den Mittelhandknochen.

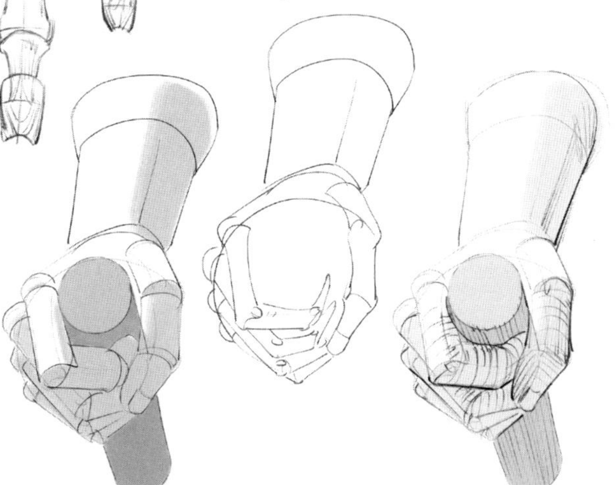

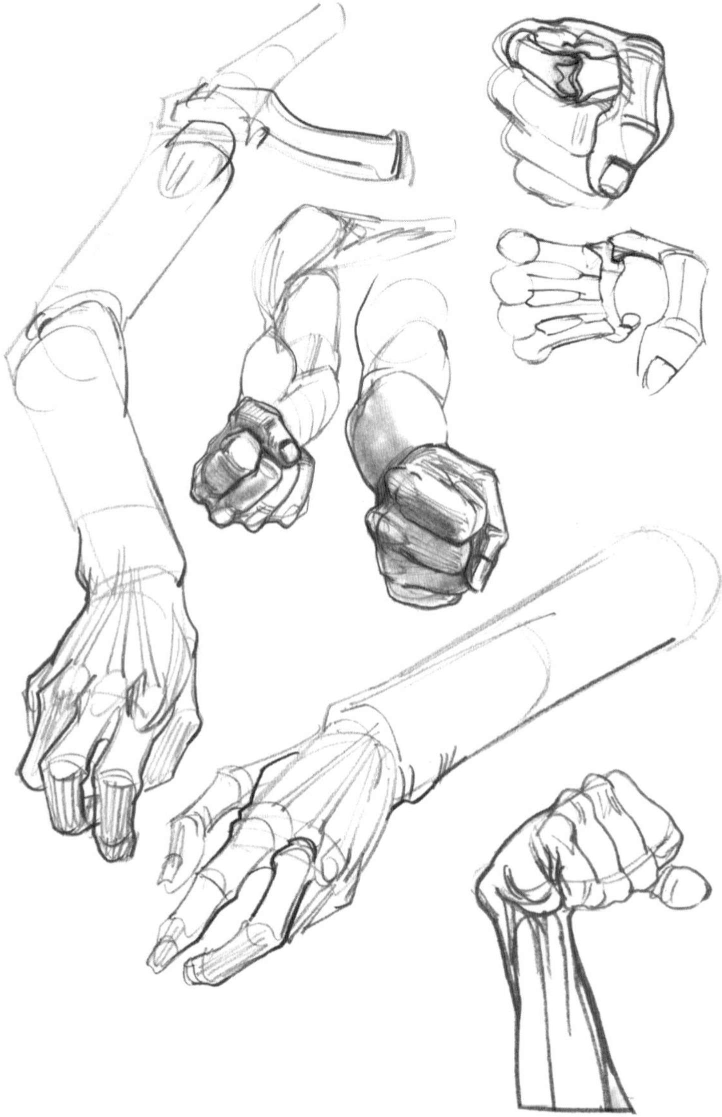

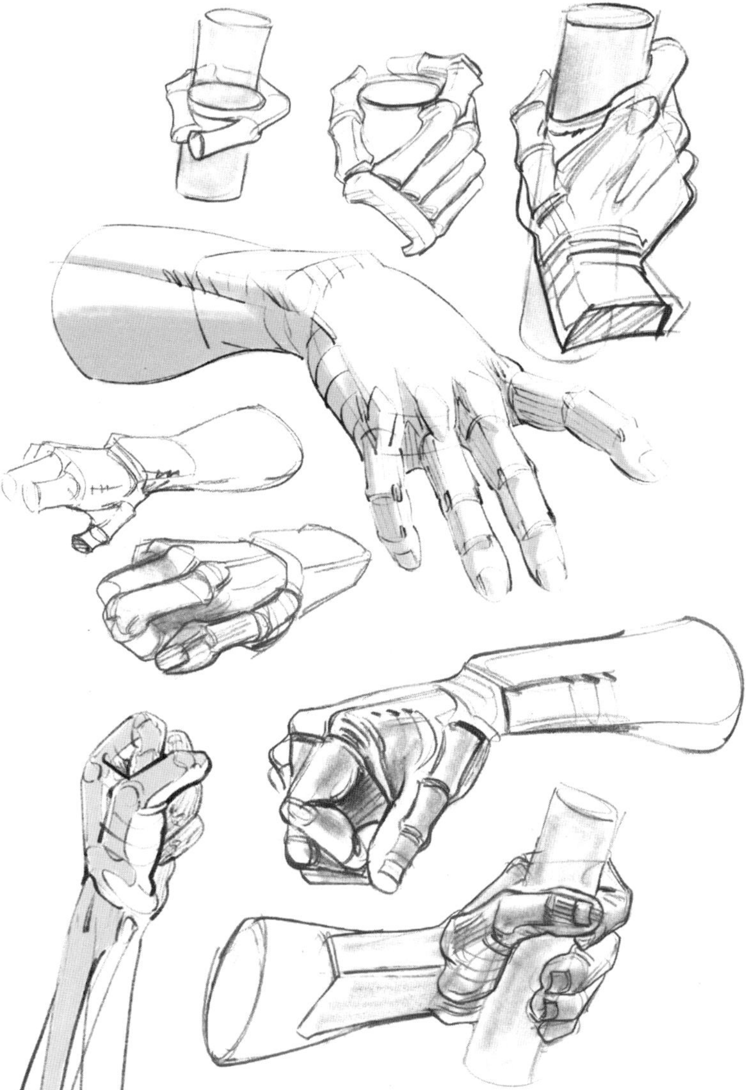

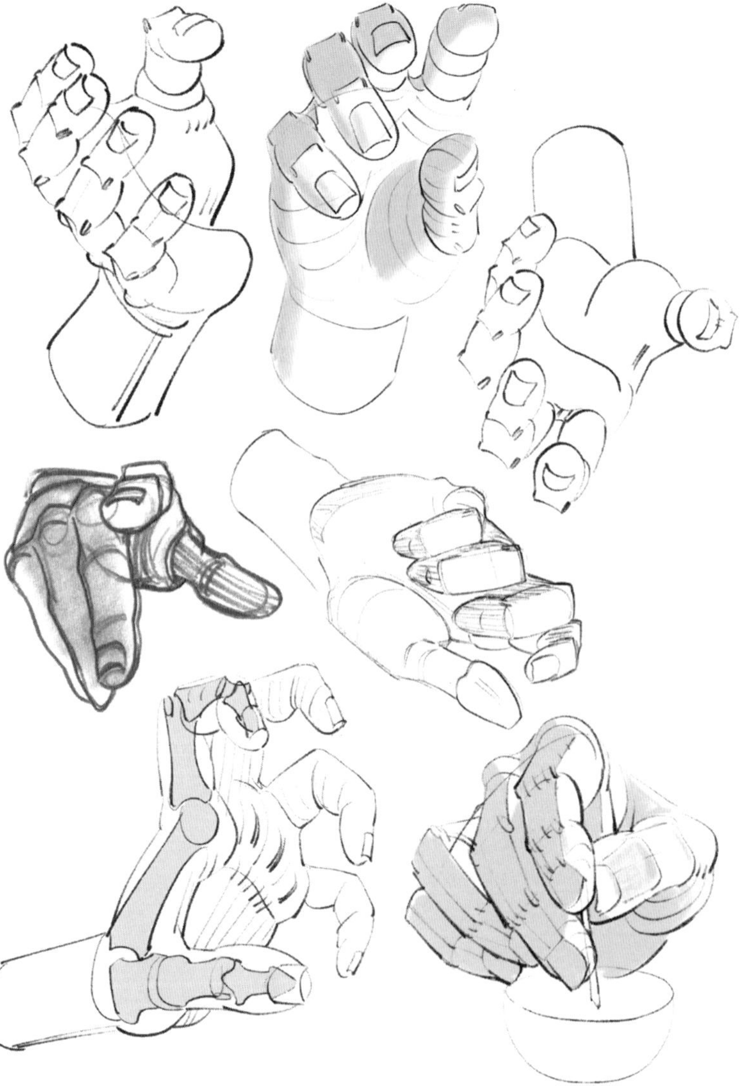

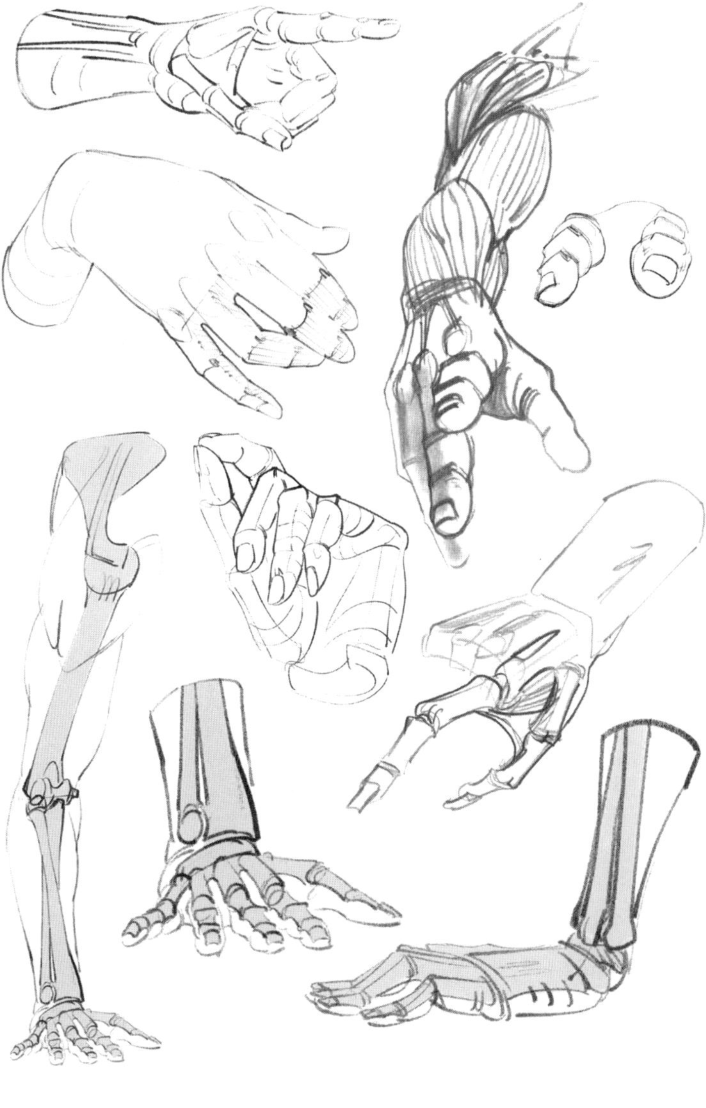

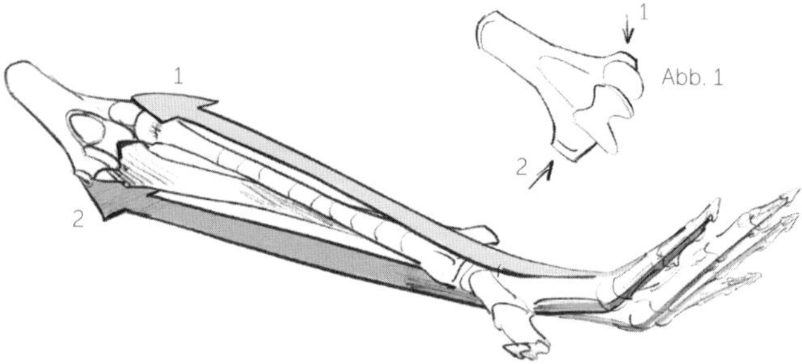

Abb. 1

Jetzt geht es um die Muskulatur. Dazu betrachten wir den Arm. Fast die gesamte Muskelmasse des Unterarms dient der Handbewegung. Die Streckmuskeln (1) und die Beugemuskeln (2) beginnen am Oberarmknochen (Abb. 1) und verlaufen über den Handrücken bzw. den Handteller bis zu den Fingerspitzen.

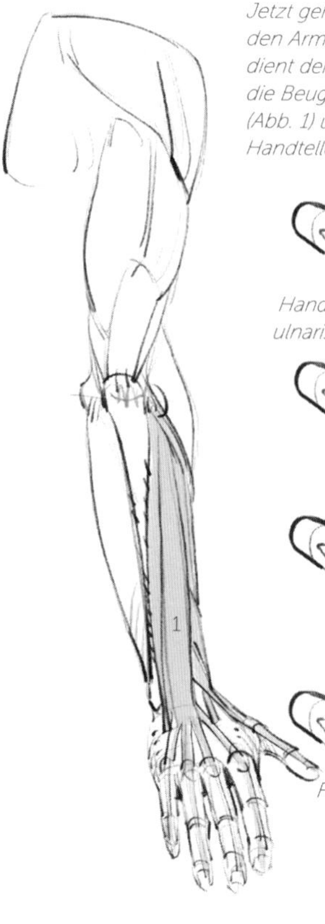

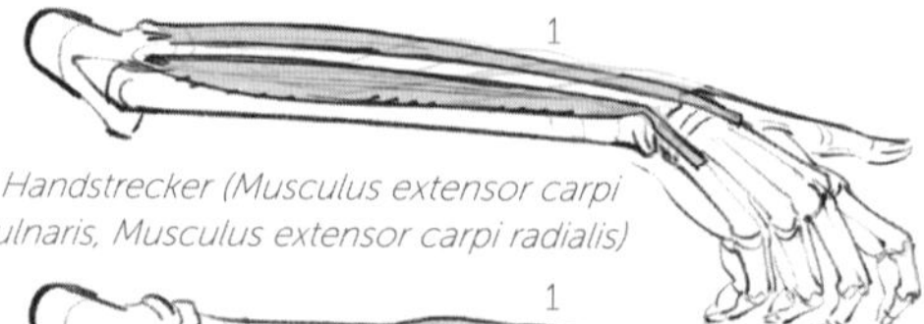

Handstrecker (Musculus extensor carpi ulnaris, Musculus extensor carpi radialis)

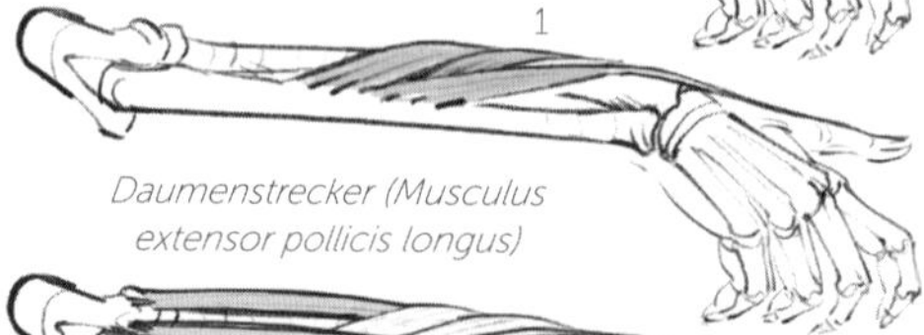

Daumenstrecker (Musculus extensor pollicis longus)

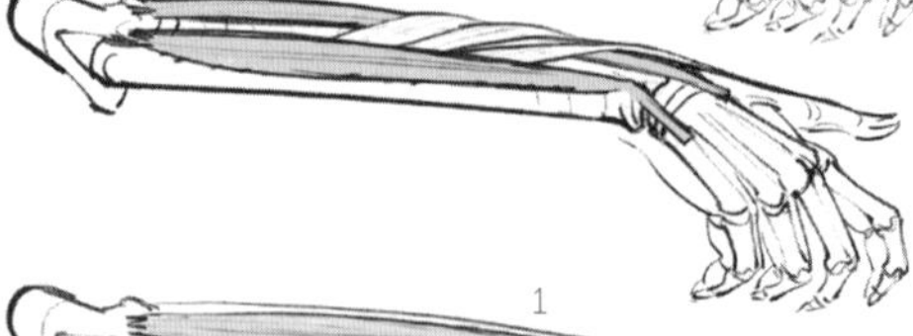

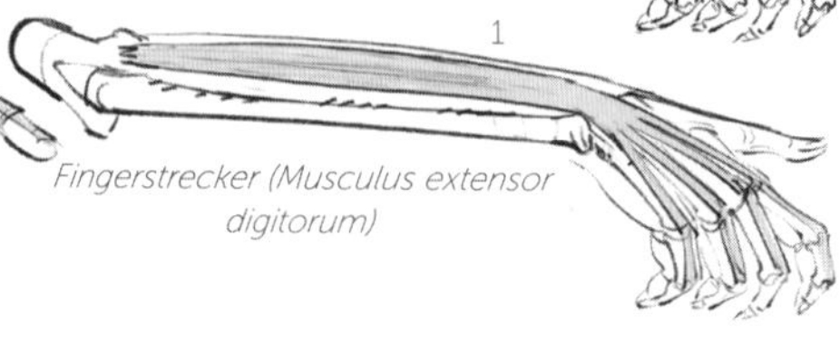

Fingerstrecker (Musculus extensor digitorum)

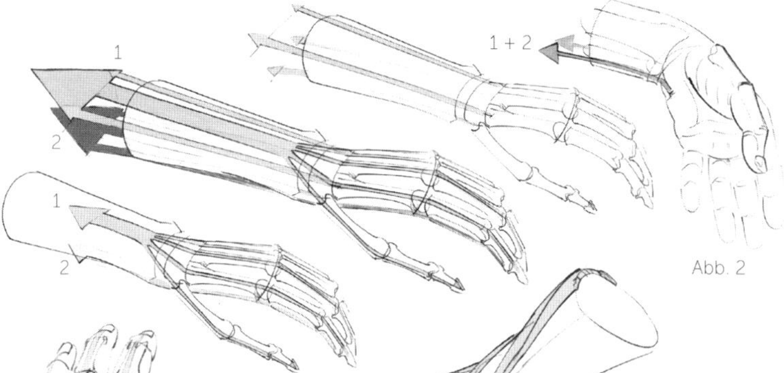

Abb. 2

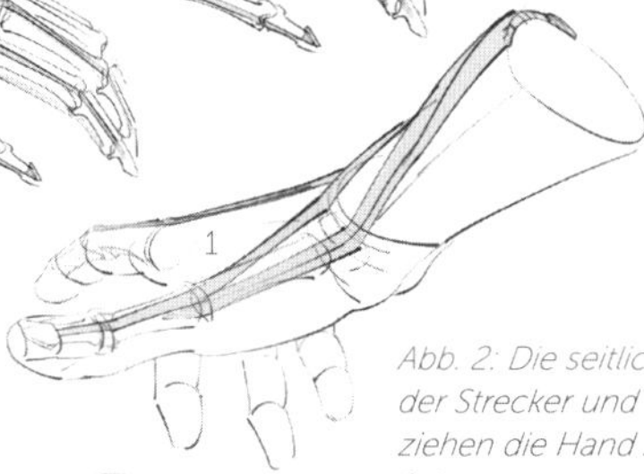

Abb. 2: Die seitlichen Bündel der Strecker und Beuger ziehen die Hand zu den Seiten.

Abb. 3: Die Fingerbeuger liegen in zwei Schichten und wechseln sich an den Fingerspitzen sehr clever ab.

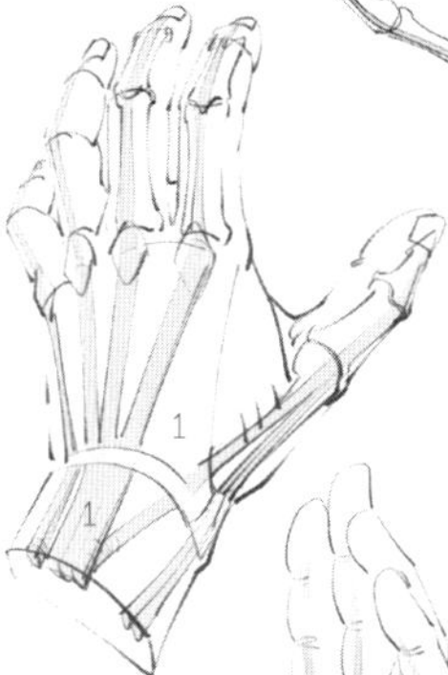

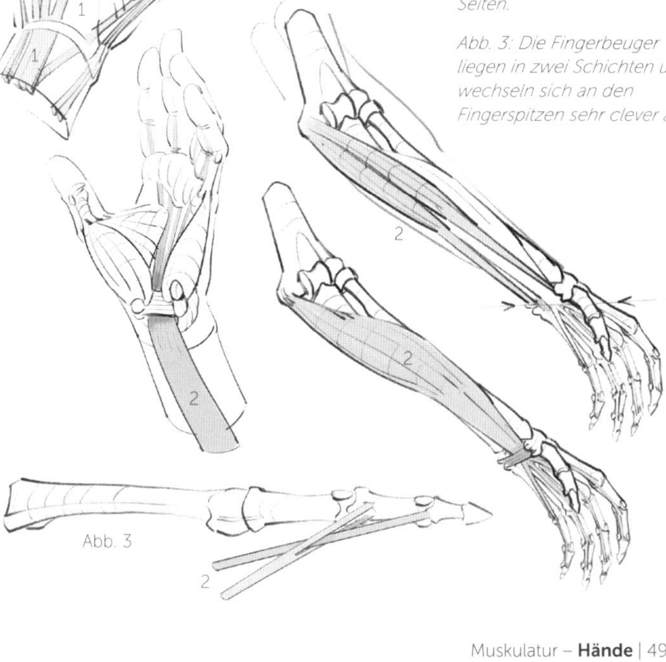

Abb. 3

Zwei Muskelreihen zwischen den Mittelhandknochen ermöglichen das Spreizen der Finger.

Abb. 1: Handrücken (Musculi interossei dorsales).

Abb. 2: Handteller (Musculi interossei palmares).

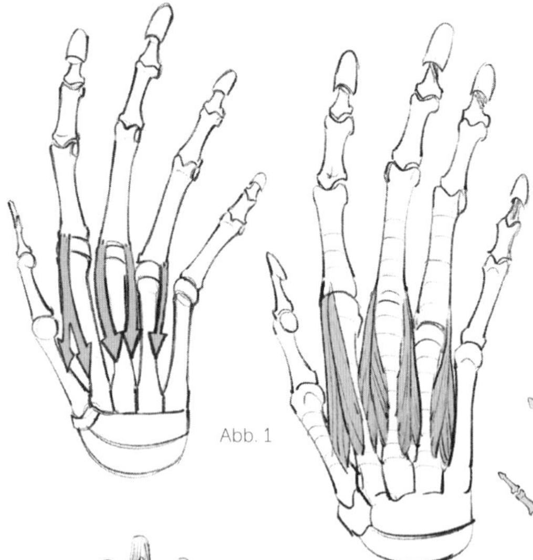

Abb. 1

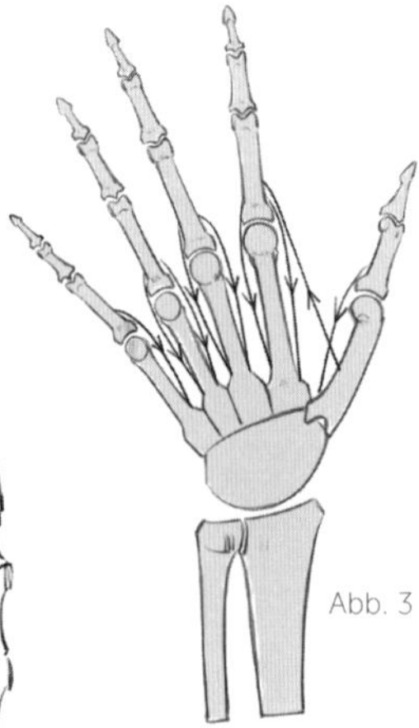

Abb. 3

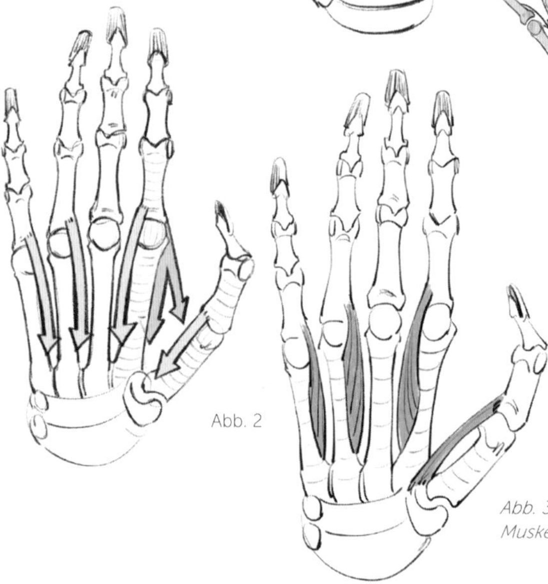

Abb. 2

Abb. 3: Schema beider Muskelgruppen.

Abb. 4: Im Profil zeichnet sich ein Zwischenknochenmuskel im Kontakt mit den Gegenspielern des Daumens ab.

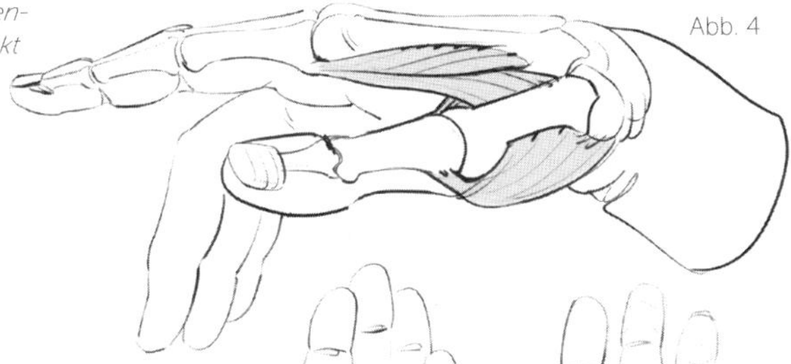

Abb. 4

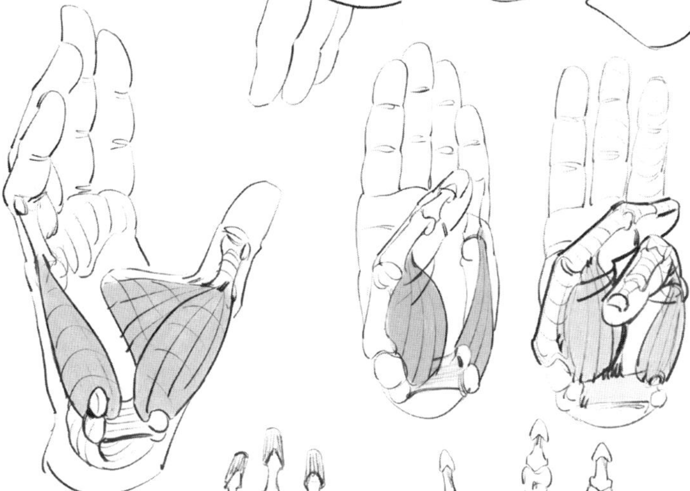

Abb. 5: Die Gegenspieler des Daumens und des fünften Fingers zeichnen sich auf dem Handteller ab. Sie ermöglichen das Schließen der Hand.

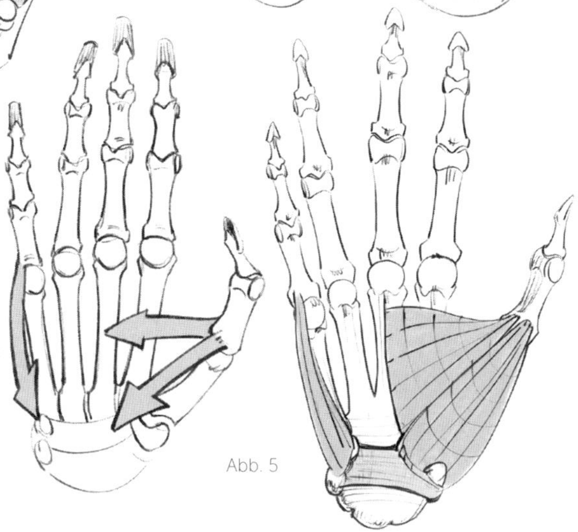

Abb. 5

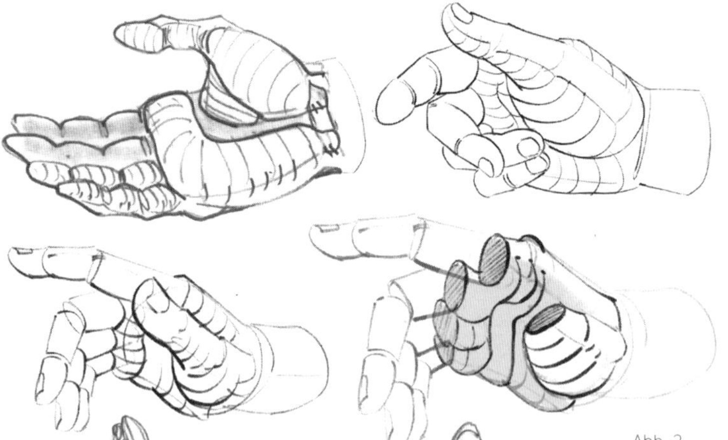

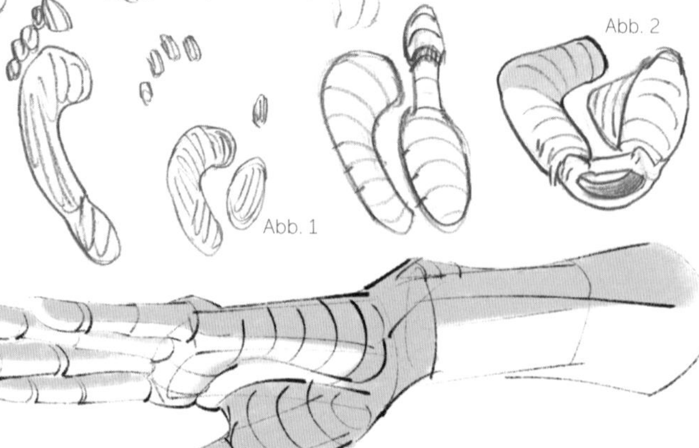

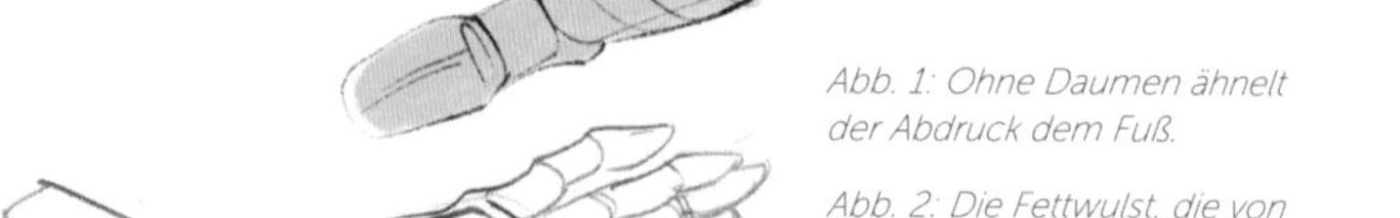

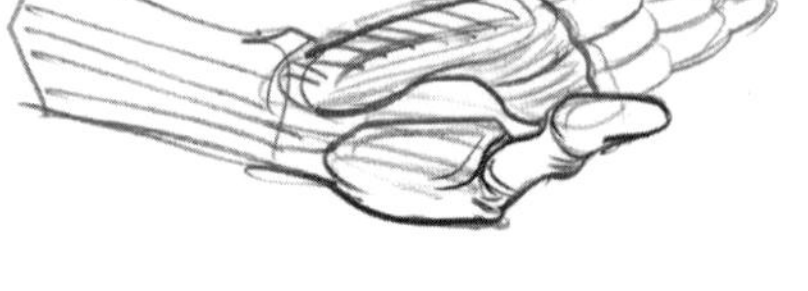

Abb. 1: Ohne Daumen ähnelt der Abdruck dem Fuß.

Abb. 2: Die Fettwulst, die von unten die Köpfe der Mittelhandknochen schützt (grau), verschmilzt mit der Muskelmasse des kleinen Fingers.

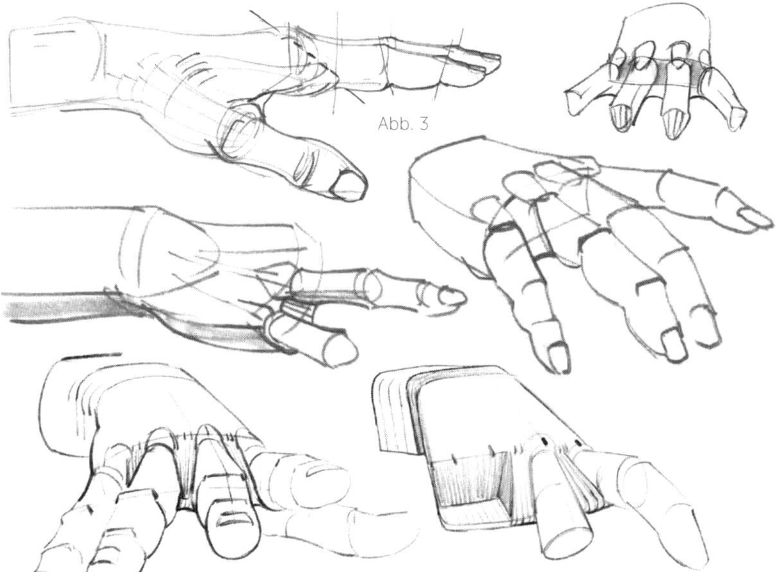

Abb. 3

Abb. 3: Diese Wulst, die im Profil einen Versatz der Konturen verursacht, ist für die Hautfalten oder »Schwimmhäute« zwischen den Fingern verantwortlich.

Abb. 4: Die Handknöchel sind mit einem Kreuz markiert.

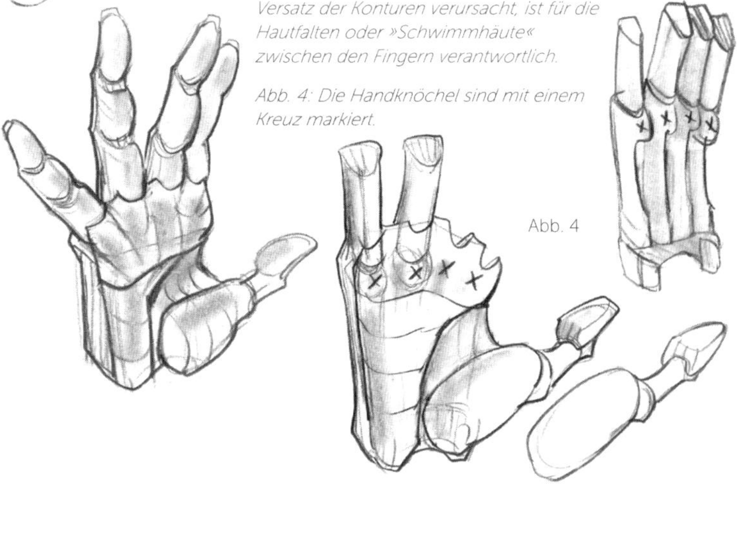

Abb. 4

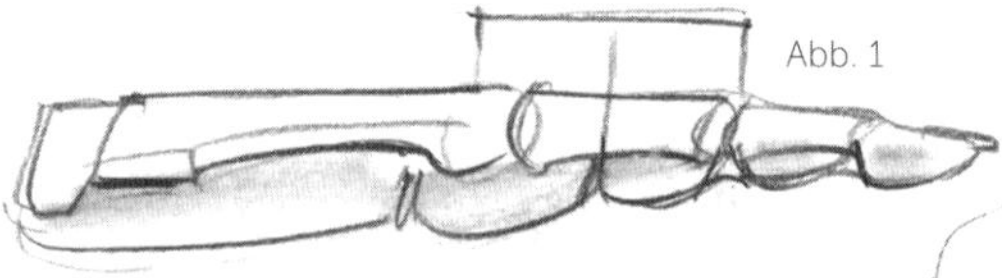

Abb. 1

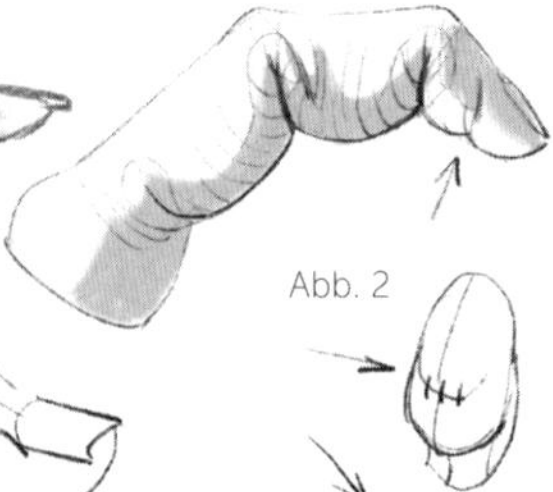

Abb. 2

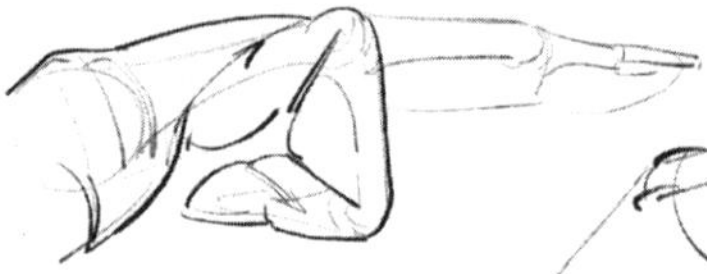

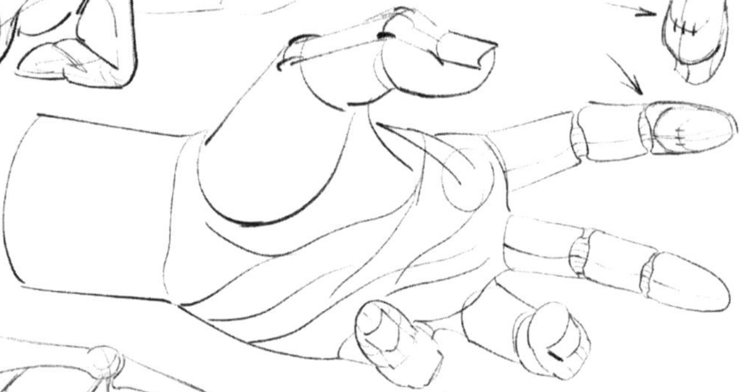

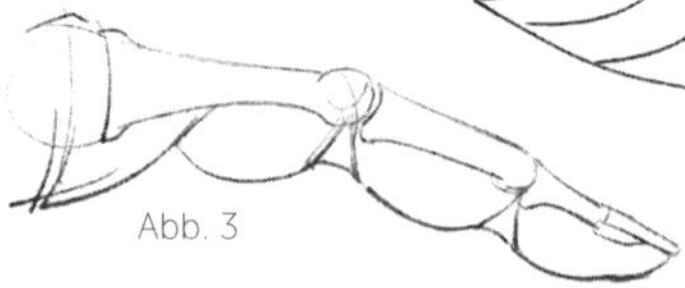

Abb. 3

Abb. 1: Die Fettwulst unter den Köpfen der Mittelhandknochen reichen bis zur Hälfte des ersten Fingerglieds. Deshalb sehen die Finger von unten kürzer aus.

Abb. 2: Kleine Falte, die in der Beugung durch die Hautspannung um die Fingerspitze entsteht.

Abb. 3: Beugefalten und »Bälge« unter den Gelenken.

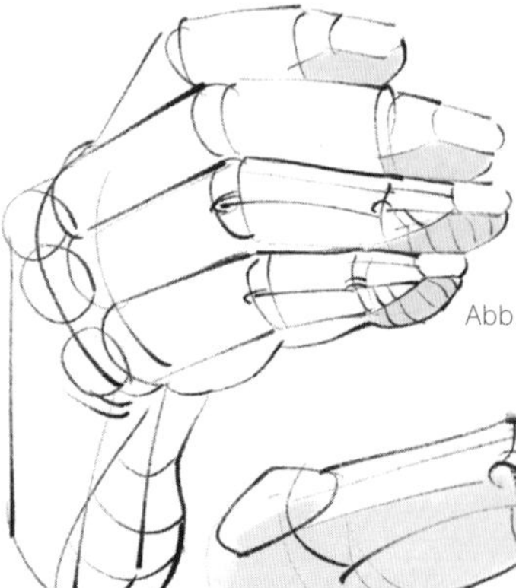

Abb. 4

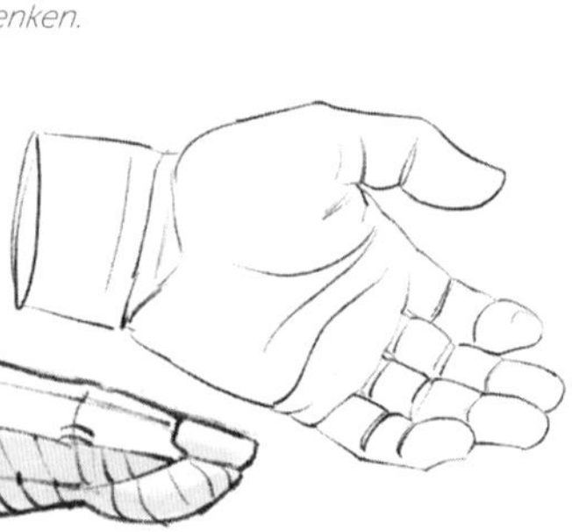

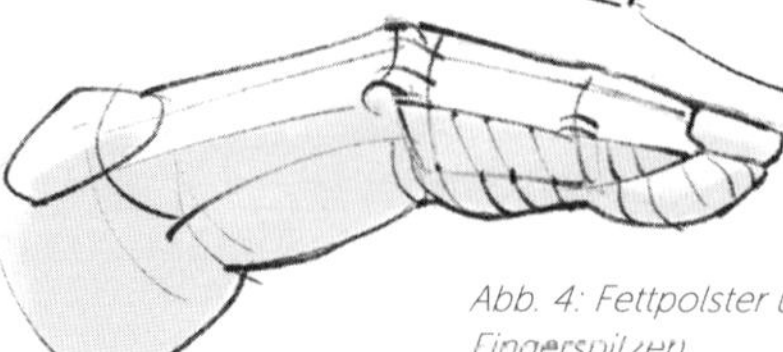

Abb. 4: Fettpolster unter den Fingerspitzen.

Abb. 5

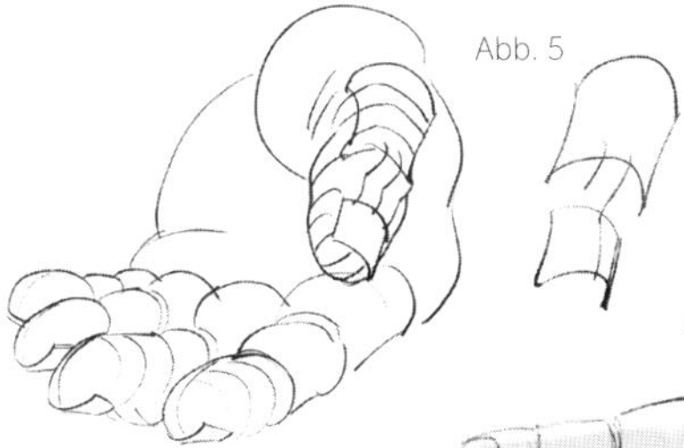

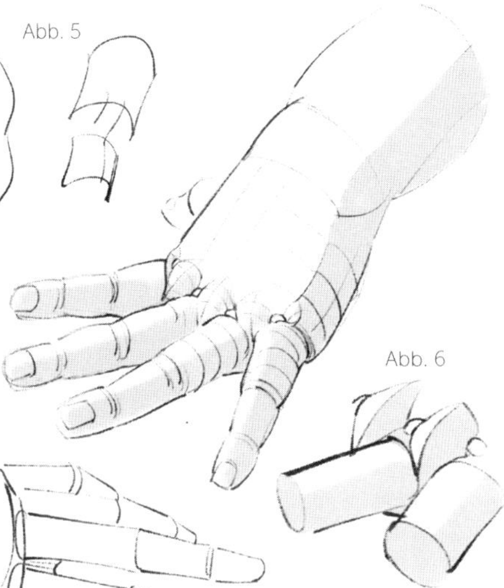

Abb. 5 und 7: Verschiebung der Nagelebene.

Abb. 6

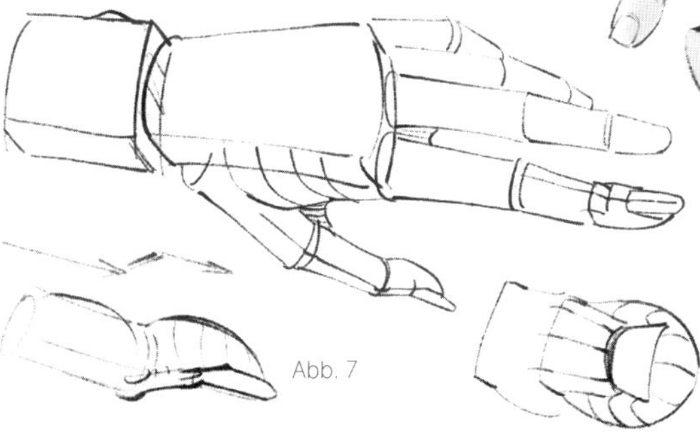

Abb. 7

Abb. 6: »Grübchen« an den Knöcheln bei einer molligen Hand.

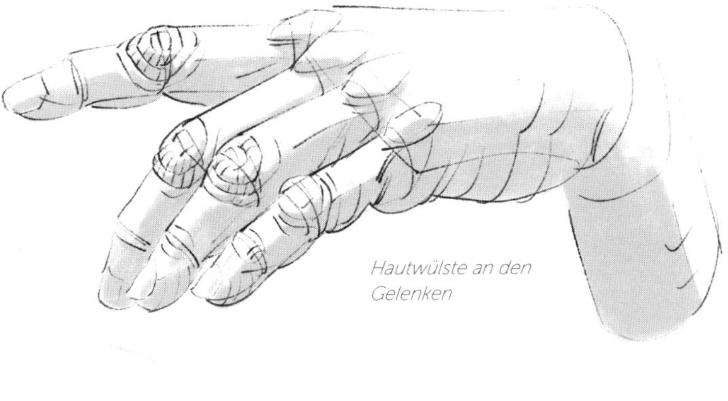

Hautwülste an den Gelenken

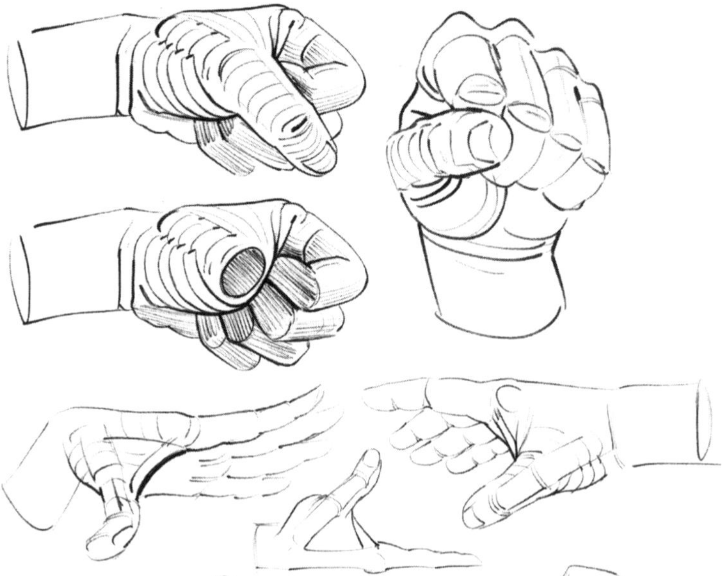

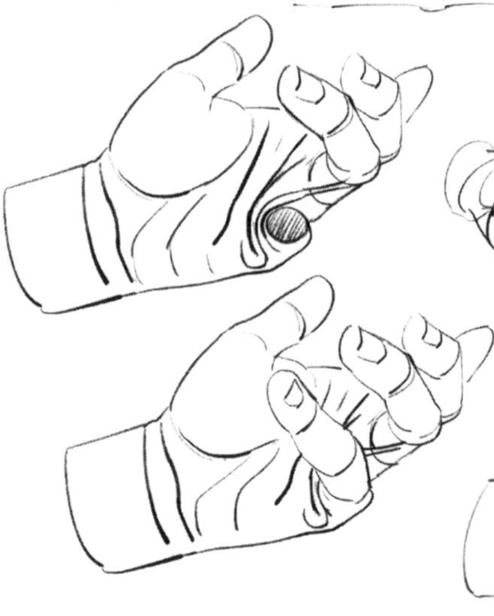

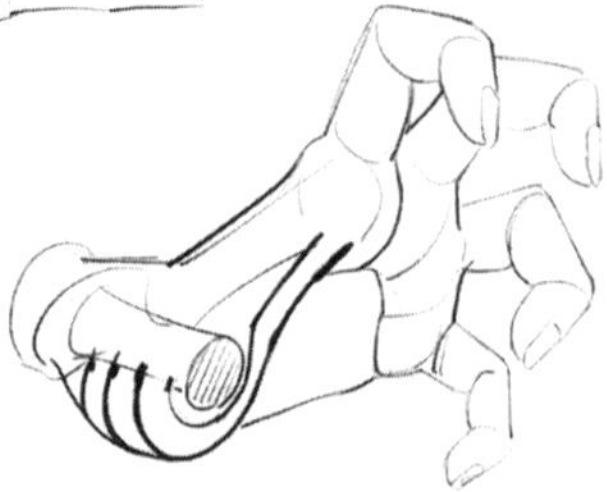

Die Haut umhüllt die fleischigen Formen, legt sich in Falten oder spannt sich wie ein Kleidungsstück.

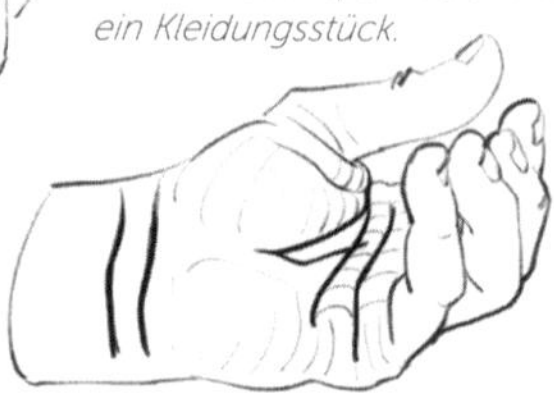

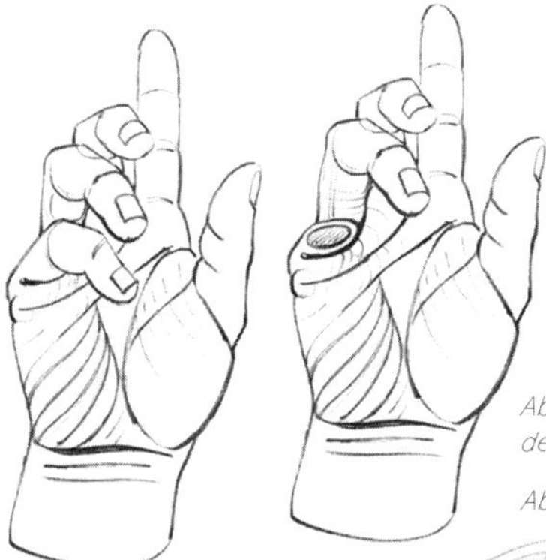

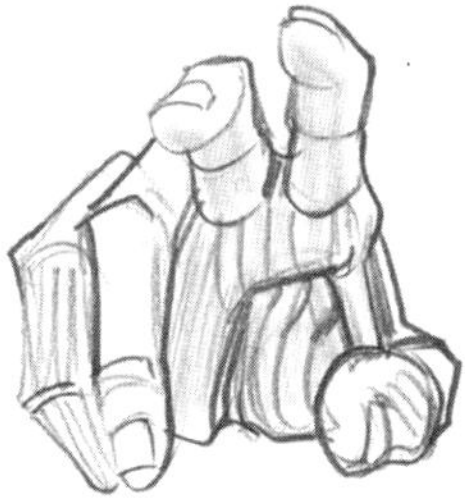

Abb. 1: Beugungsfalten der Finger und des Daumens.

Abb. 2: Diese Falten bilden ein großes M.

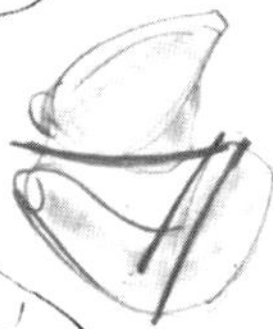

Abb. 1

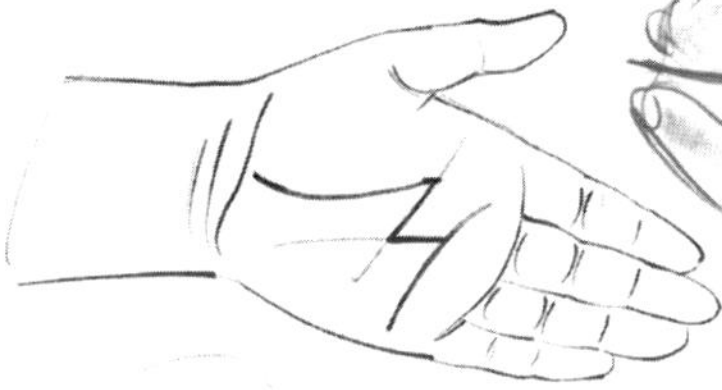

Abb. 2

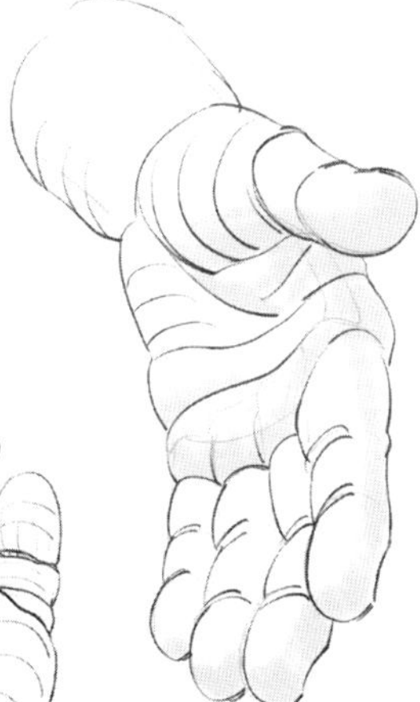

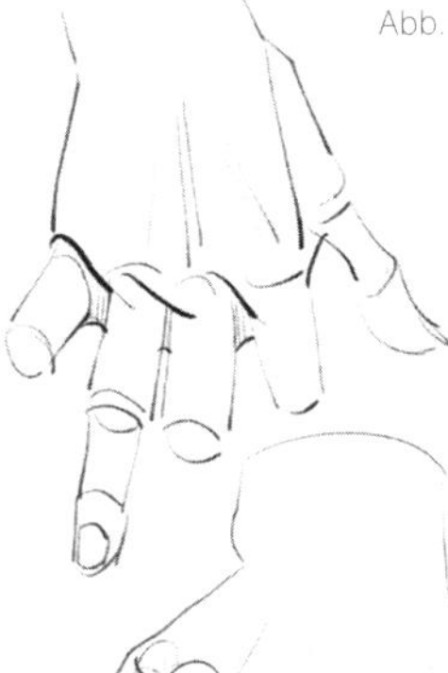

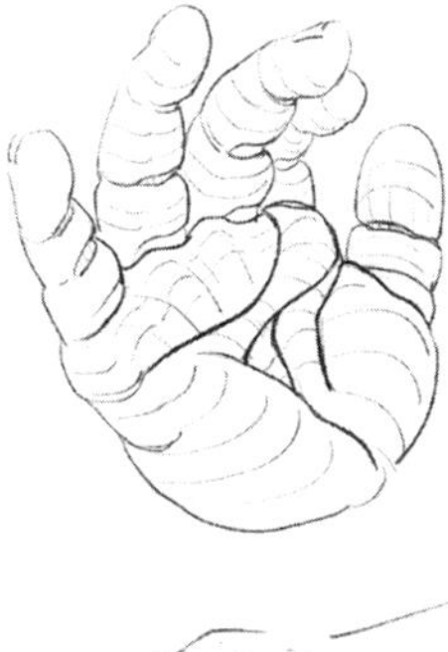

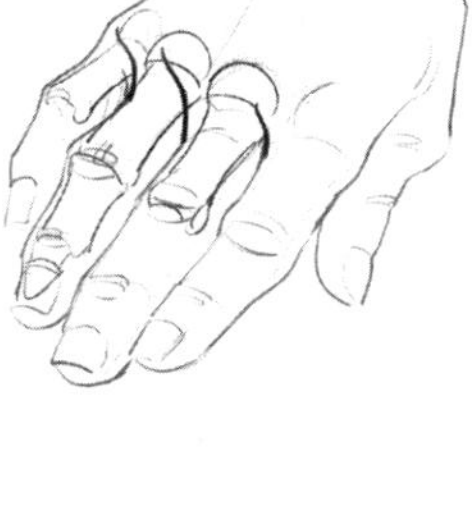

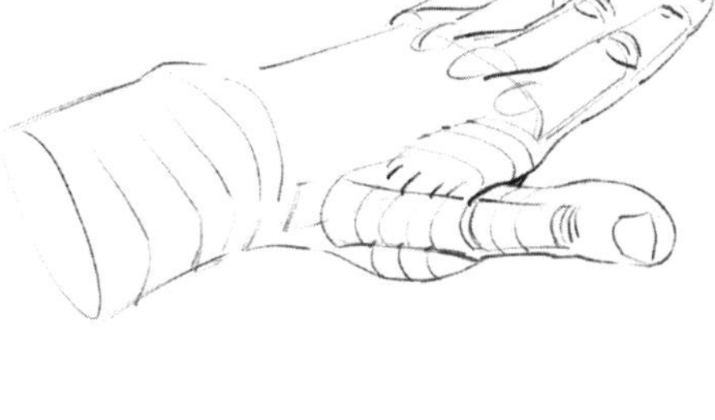

Abb. 1: Durch dieses Unterhautfett unter den Fingern kann die Hand viel besser greifen, denn sie passt sich damit genau der Form an, die sie umfasst.

Abb. 2: Grübchen an den Knöcheln, verursacht durch Fett. Die Haut haftet hier am Skelett und bildet dadurch »Täler«.

Abb. 3: Streckfalten.

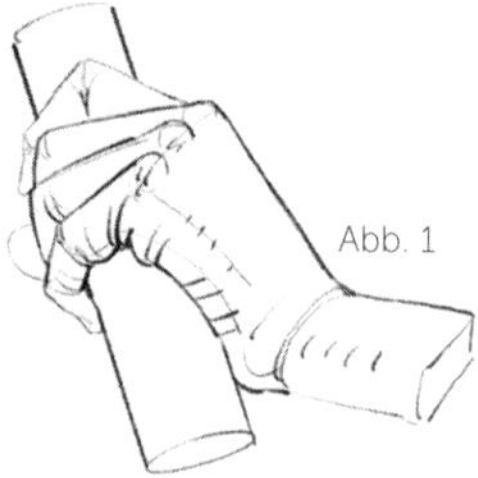

Abb. 1

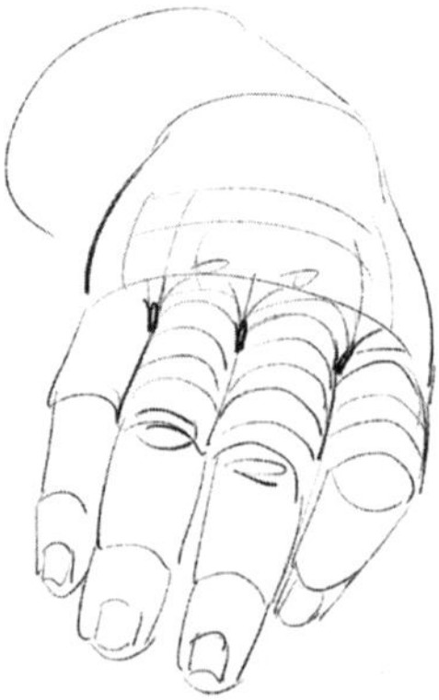

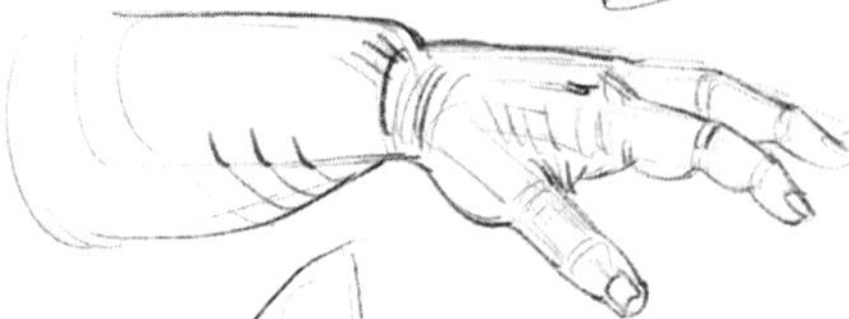

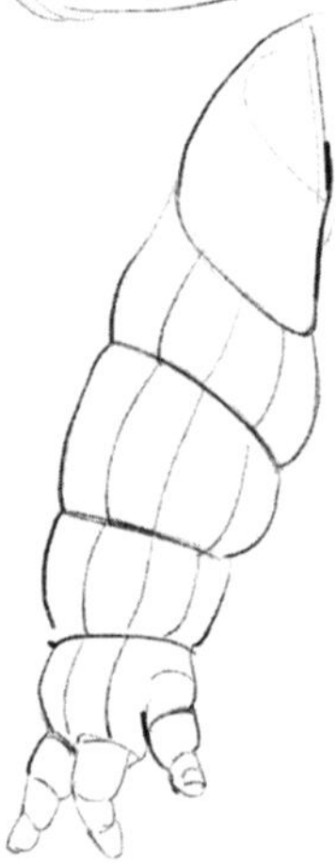

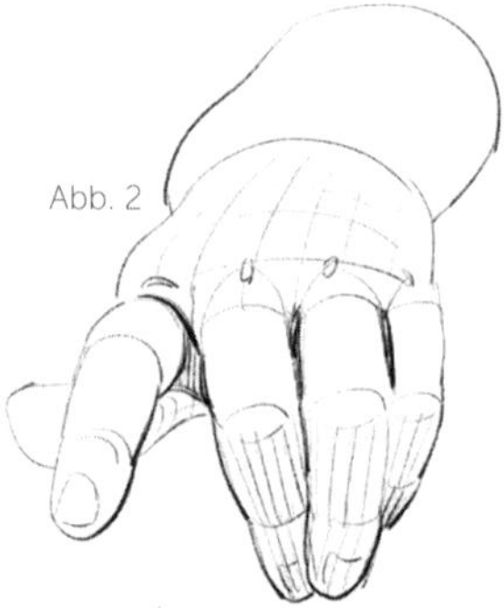

Abb. 2

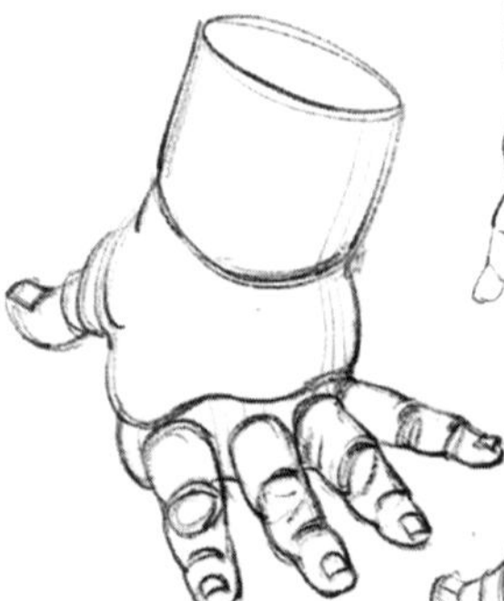

Abb. 3

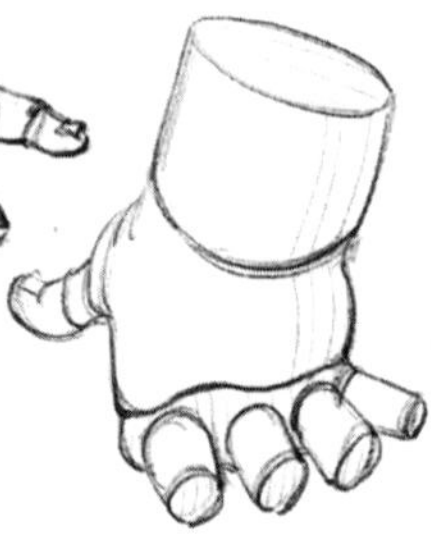

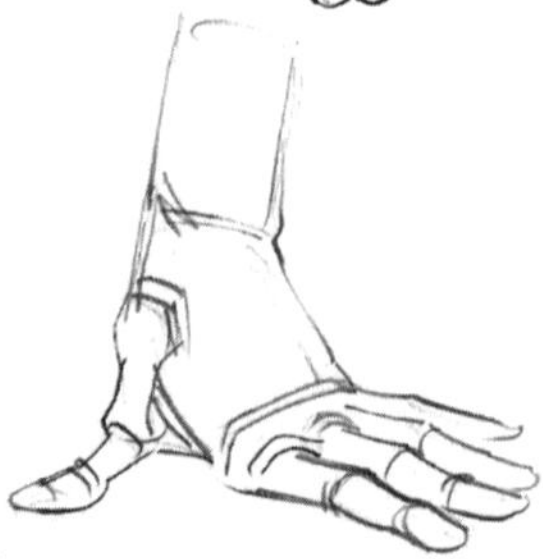

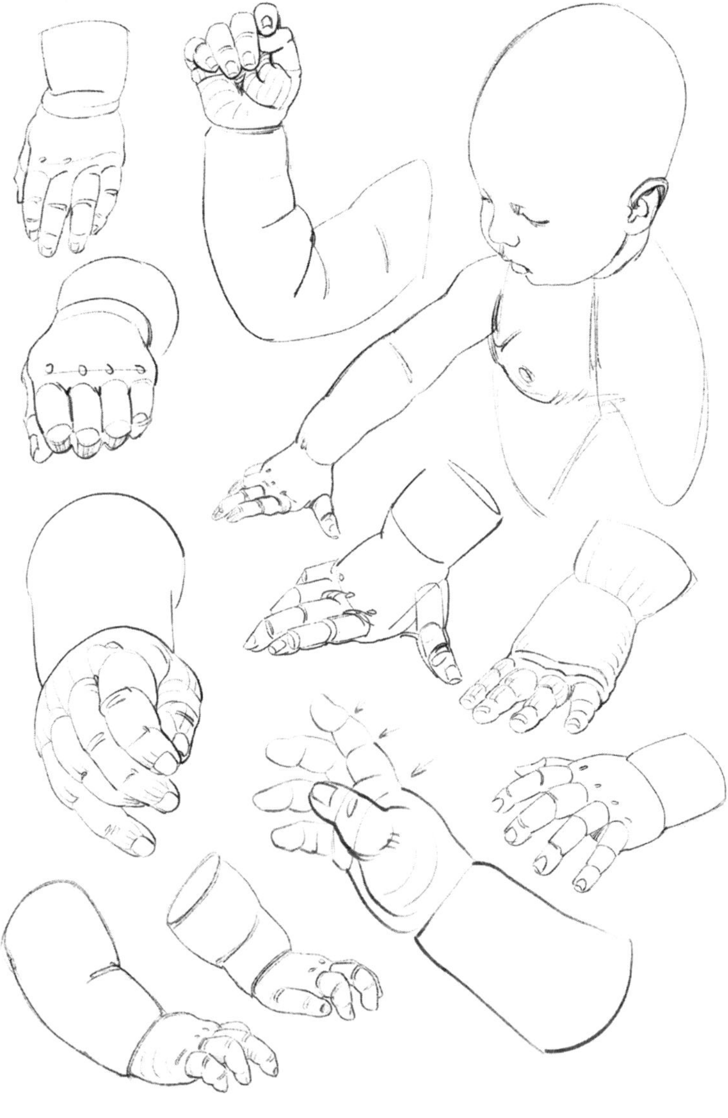

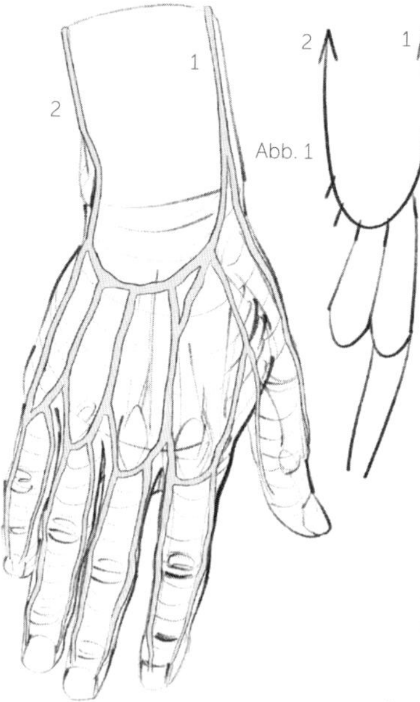

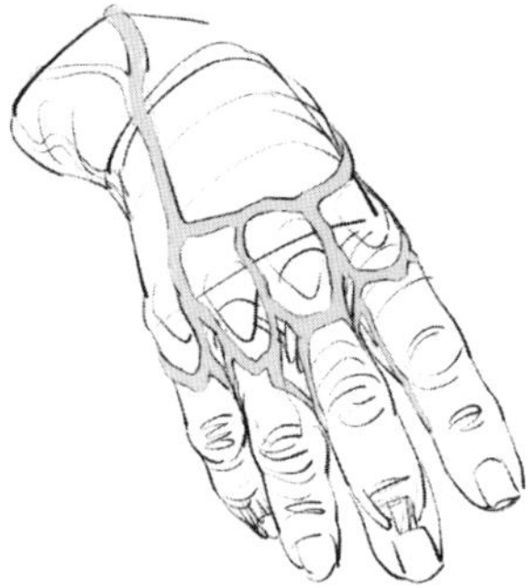

Abb. 1: Die Venen verlaufen von den Fingerspitzen nach oben. Auf den ersten Fingergliedern bilden sie unter den Knöcheln eine Reihe von Bögen, bevor sie alle auf dem Handrücken zu einem großen Bogen zusammenlaufen. Daraus entstehen zwei Äste: die Vena radialis an der Speiche (1) und die Vena ulnaris an der Elle (2).

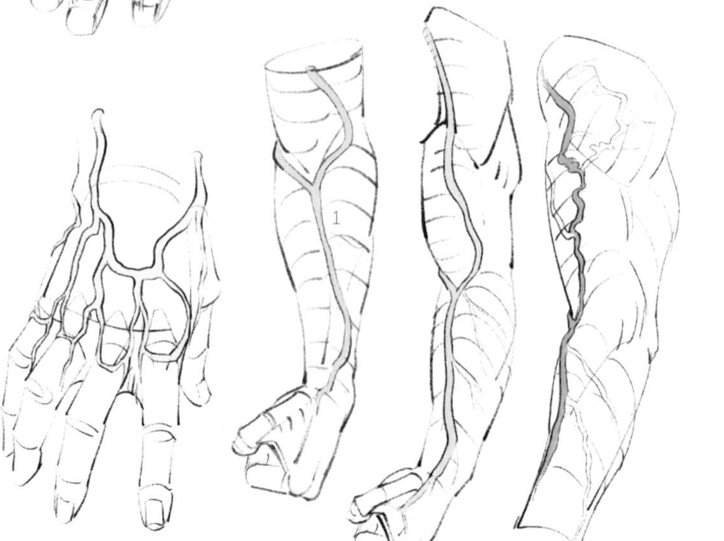

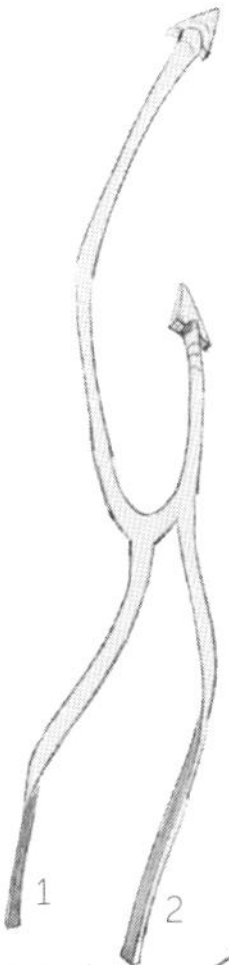

Abb. 2

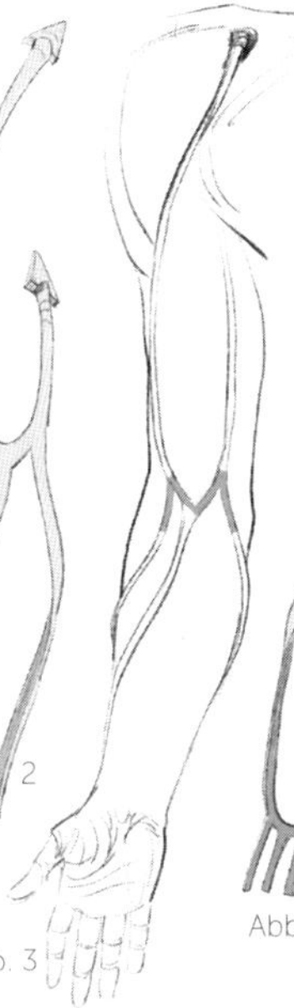

Abb. 3

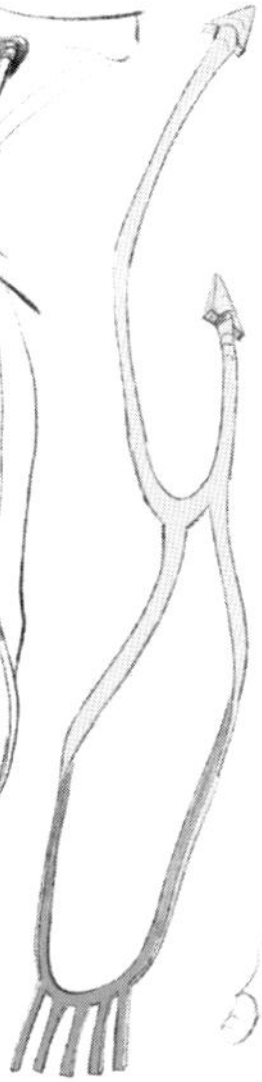

Abb. 4

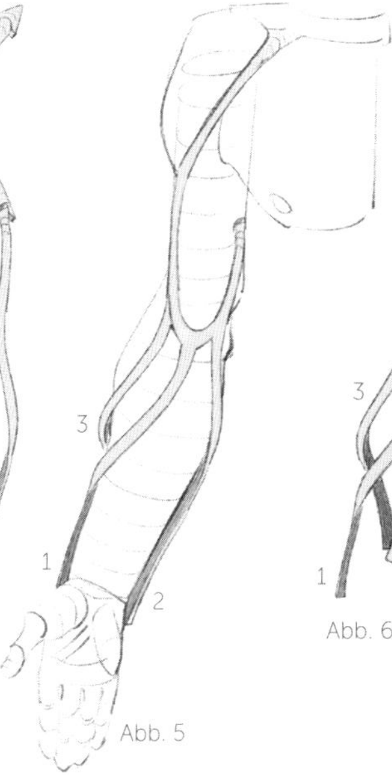

Abb. 5

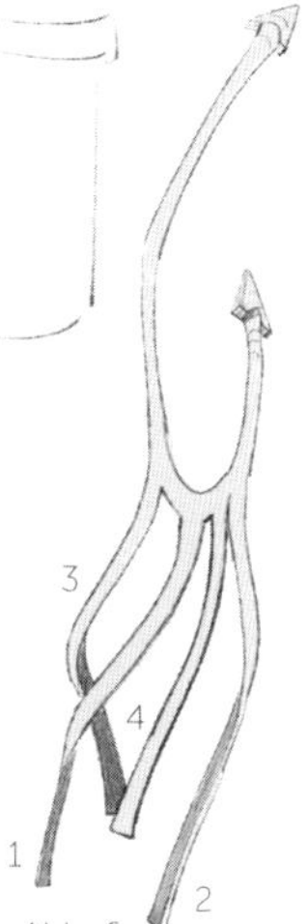

Abb. 6

Abb. 2: Diese zwei Venen winden sich anschließend um den Unterarm, treffen sich in der Armbeuge und steigen dann unter anderem Namen auf beiden Seiten des Bizeps weiter auf. Auf der Innenseite verliert sich die Vena basilica in der Achselhöhle. Außen verläuft die Vena cephalica zwischen dem Deltamuskel (Musculus deltoideus) und dem Brustmuskel (Musculus pectoralis major und minor) und verschwindet in einer Vertiefung unter dem Schlüsselbein.

Abb. 3: Die »klassische« Version bildet ein großes M in der Armbeuge.

Abb. 4: Von den Finger- und Handrücken winden sich die Venen seitlich um den Unterarm, bevor sie sich in der Armbeuge vereinen.

Abb. 5 und 6: Hier können wir zwei zusätzliche Venen zeichnen, die sich mit den ersten beiden verbinden, wobei eine (3) von der Rückseite des Unterarms und die andere (4) von vorn kommt.

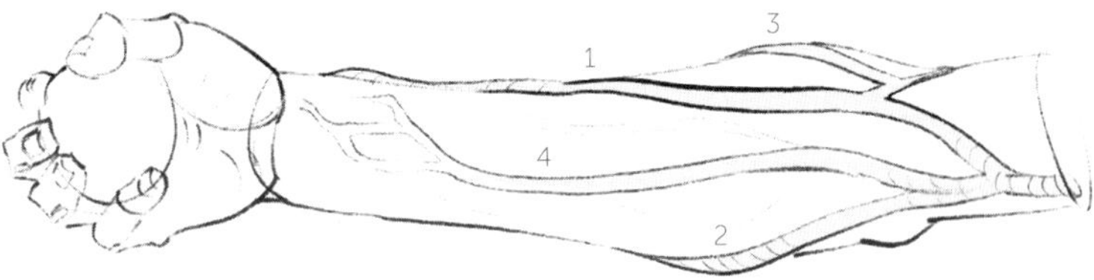

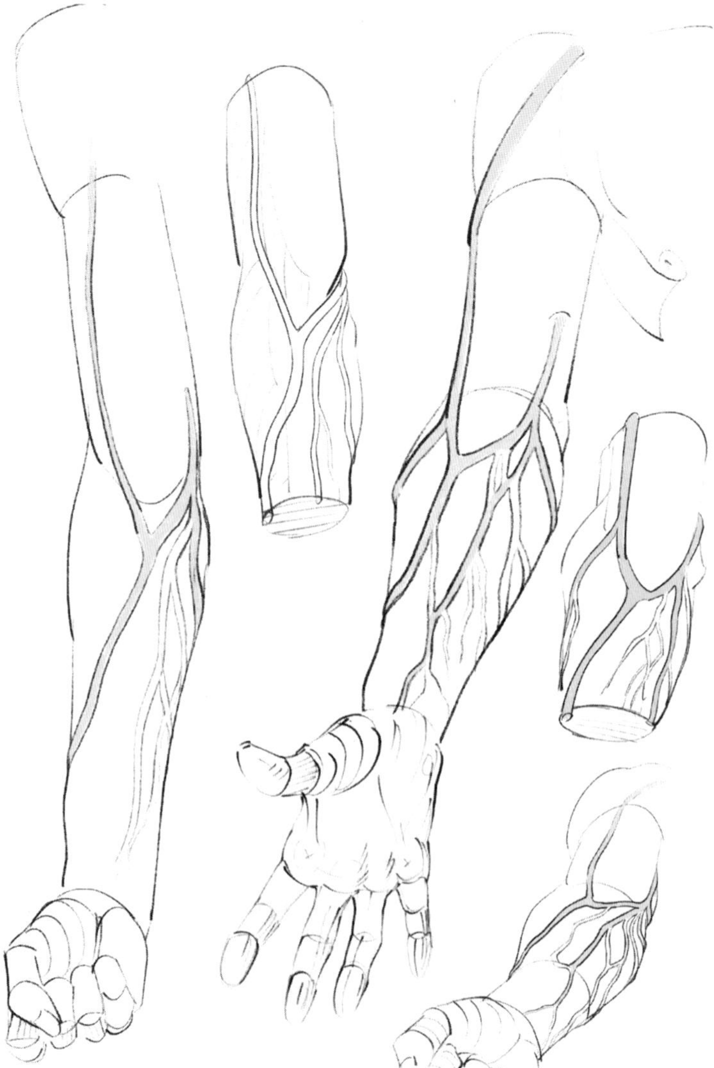

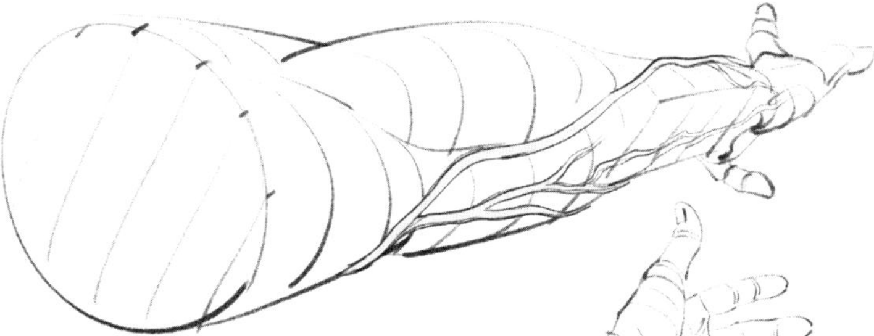

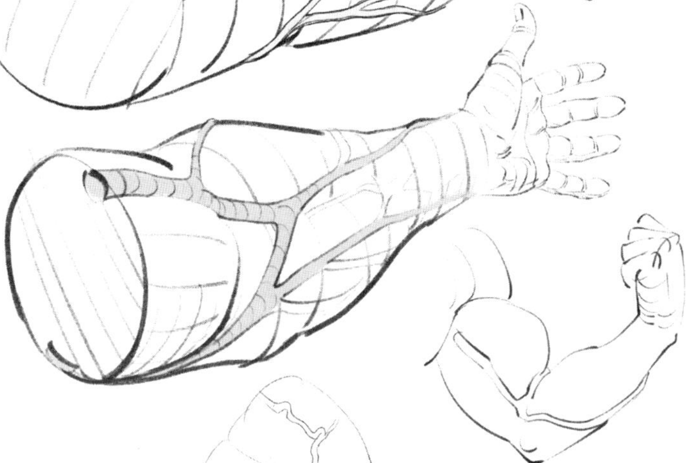

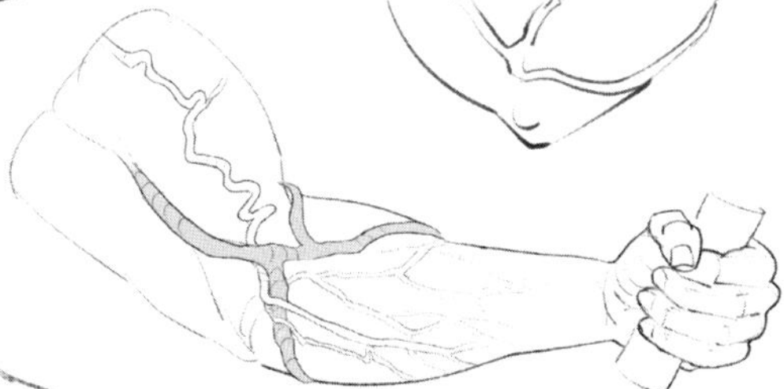

Die Venen können knorrig aussehen, wenn sie sich wie ein Fluss winden.

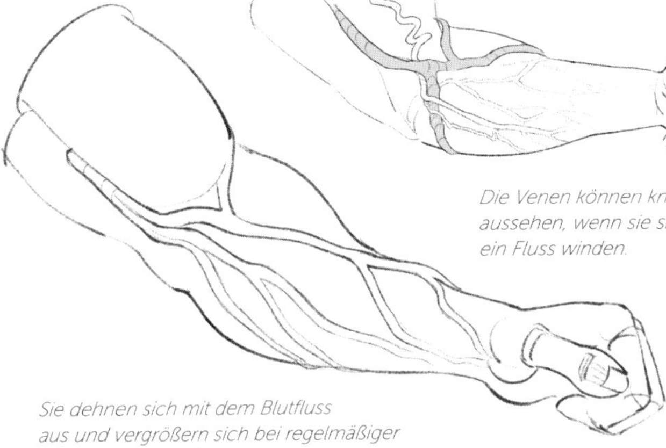

Sie dehnen sich mit dem Blutfluss aus und vergrößern sich bei regelmäßiger und anhaltender Anstrengung.

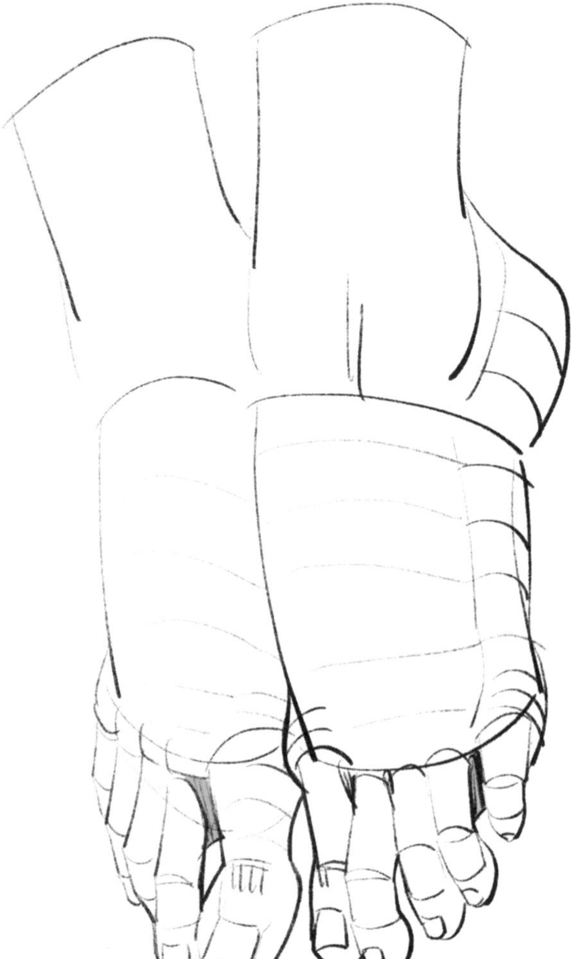

FÜSSE

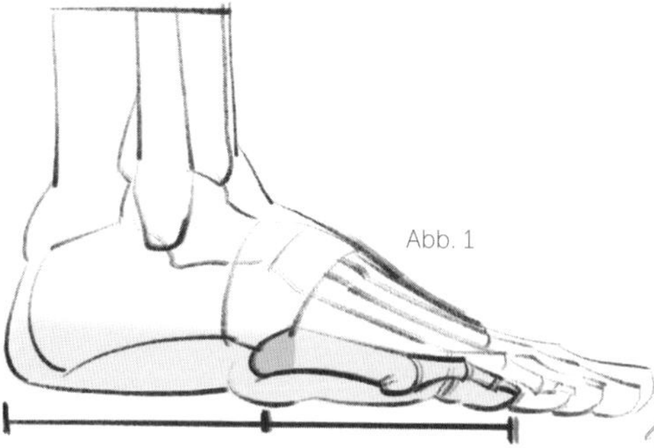

Abb. 1

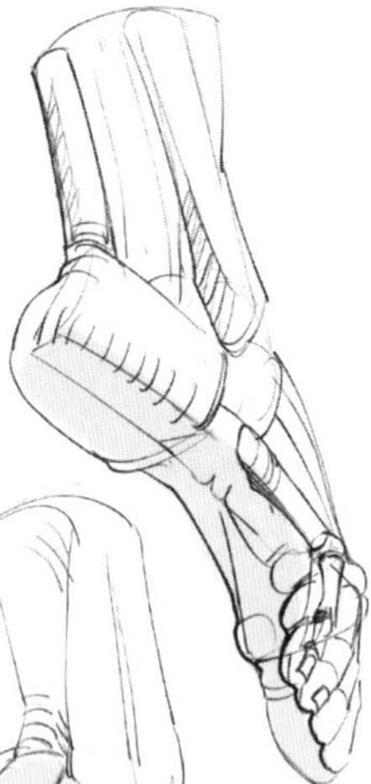

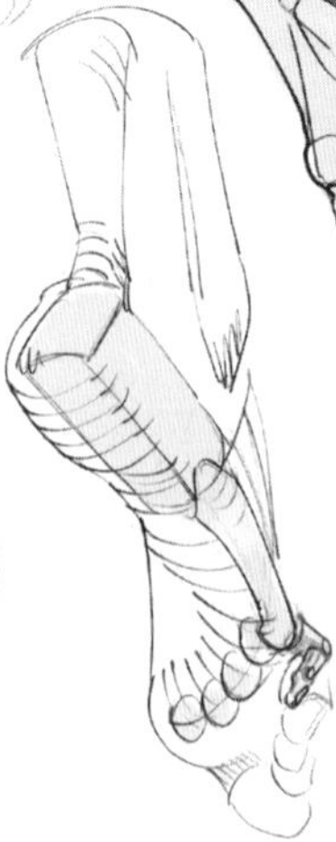

Abb. 1: An der Außenseite, von der Ferse bis zum kleinen Zeh, teilt sich der Fuß am Ansatz der Mittelfußknochen in zwei Hälften. Diese Stelle steht hervor oder ist vertieft, wie später noch erläutert wird.

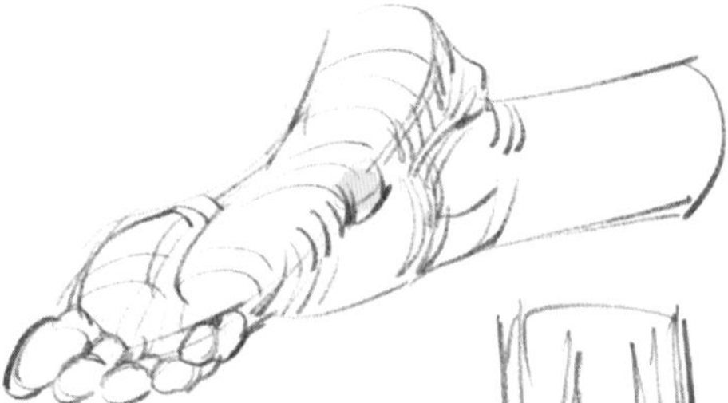

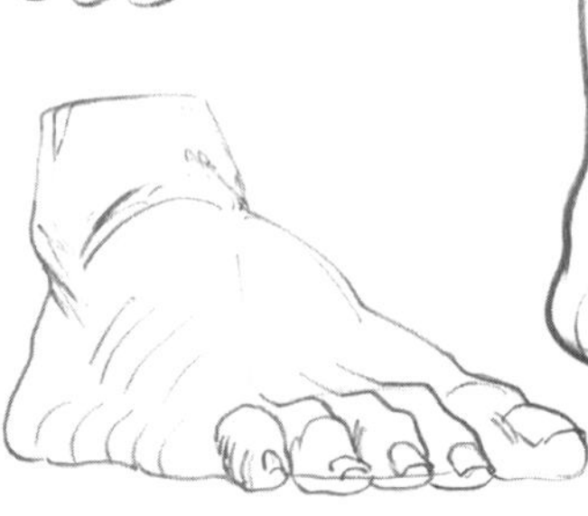

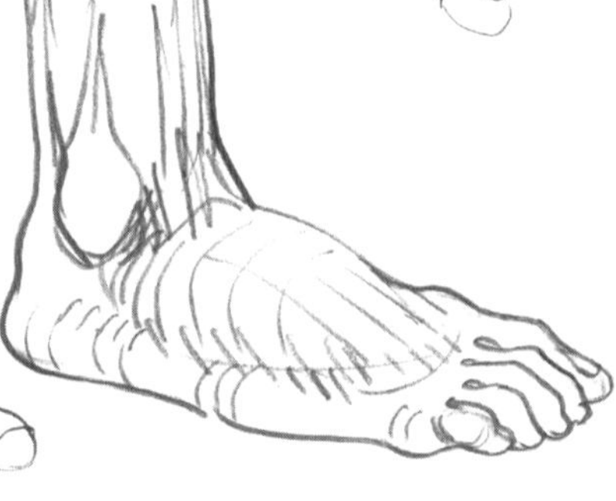

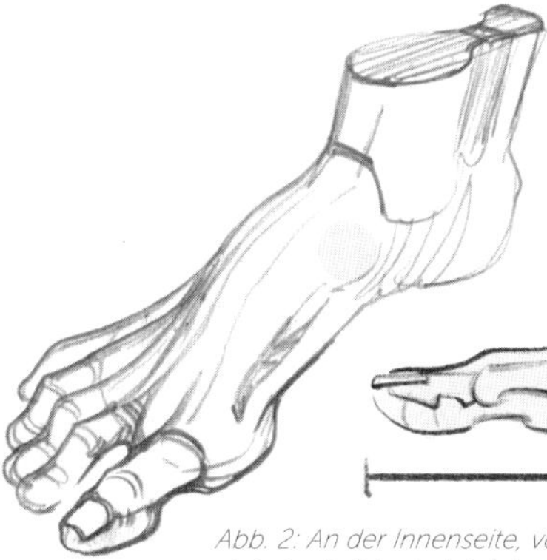

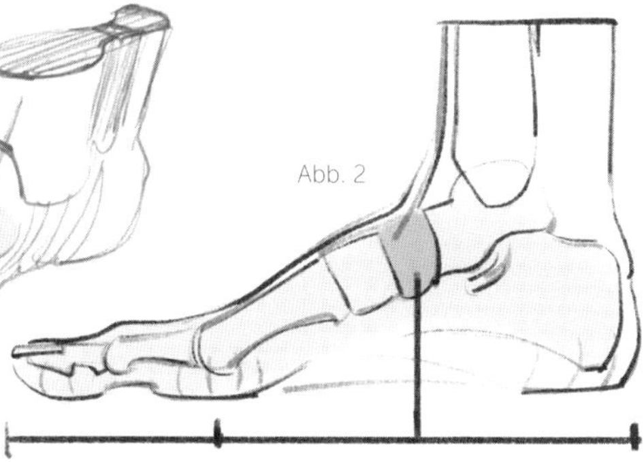

Abb. 2: An der Innenseite, von der Ferse bis zum großen Zeh, teilt sich der Fuß in drei gleiche Teile. Von der Ferse ausgehend endet das erste Drittel am Kahnbein, das zweite geht bis zum Kopf des Mittelfußknochens, der hier auf dem Boden aufliegt, und das dritte entspricht den Zehen.

Die Zehen sind unterschiedlich lang. Allgemein unterscheidet man den ägyptischen Fuß, bei dem alle Zehen auf einer Linie liegen (Abb. 3); den griechischen Fuß, bei dem der große Zeh kürzer als die zweite Zehe ist (Abb. 4); und den römischen Fuß (Abb. 5).

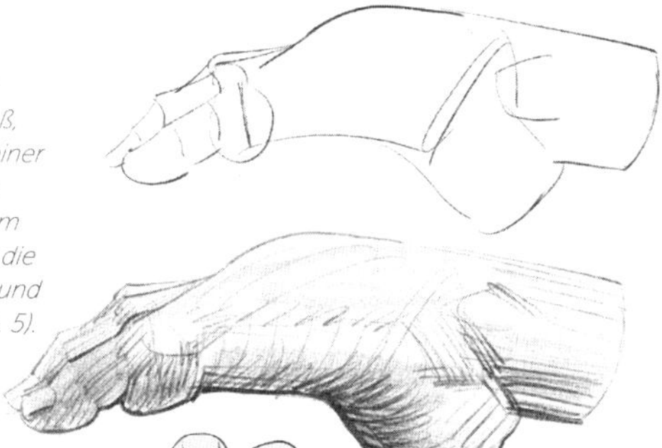

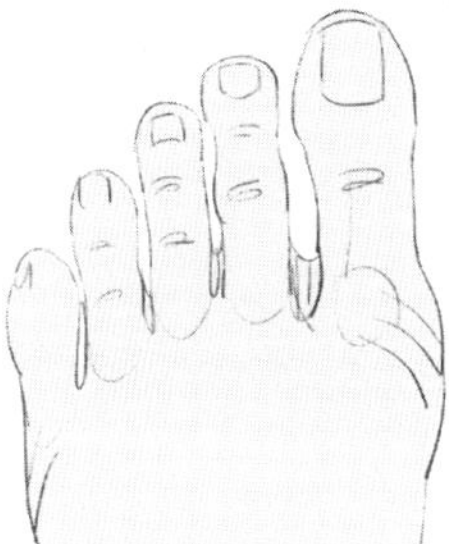

Abb. 3

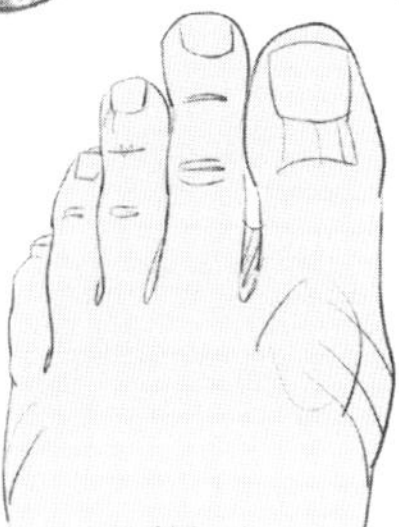

Abb. 4

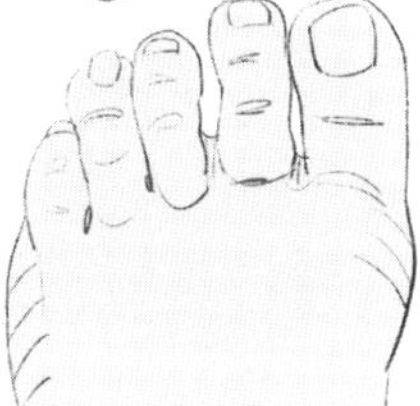

Abb. 5

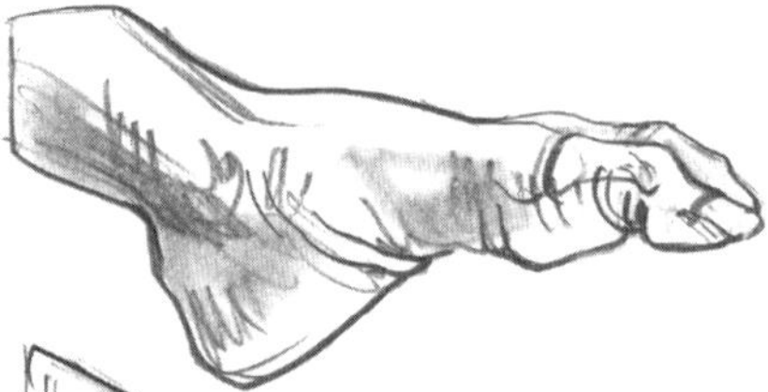

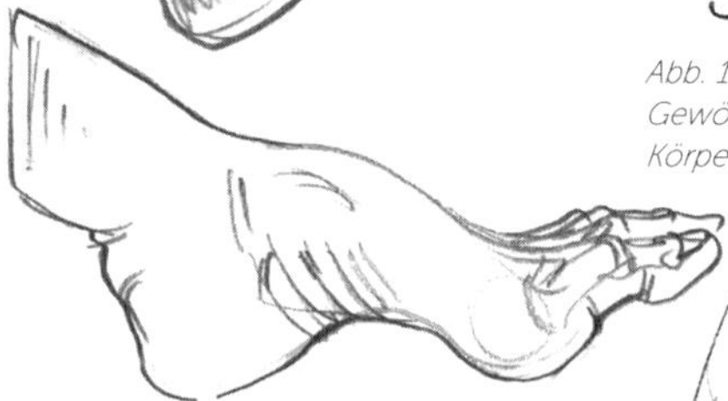

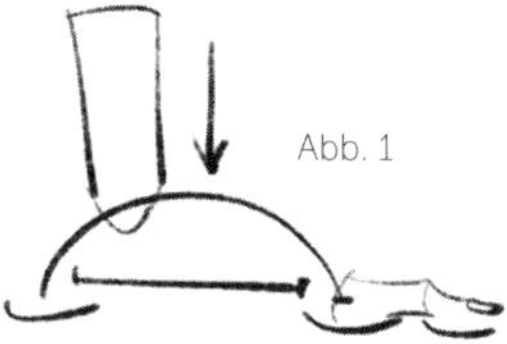

Abb. 1

Abb. 1: Der Fuß bildet ein bewegliches Gewölbe, das Stöße abfängt und das Körpergewicht trägt.

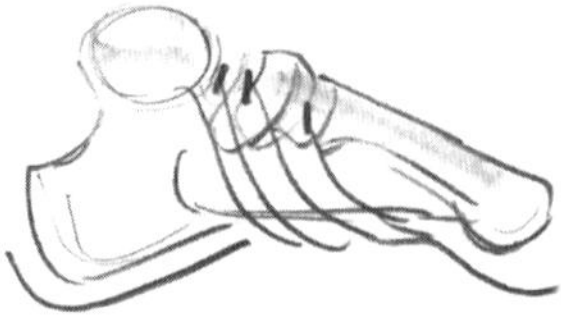

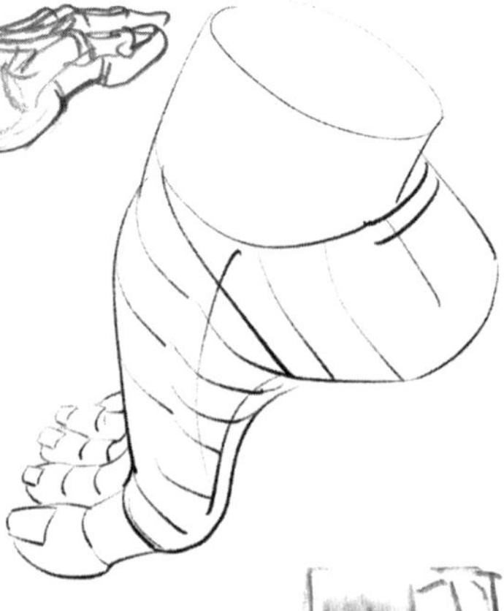

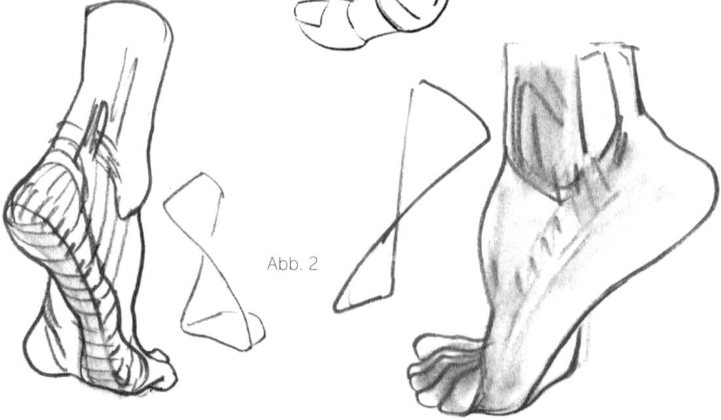

Abb. 2

Abb. 3

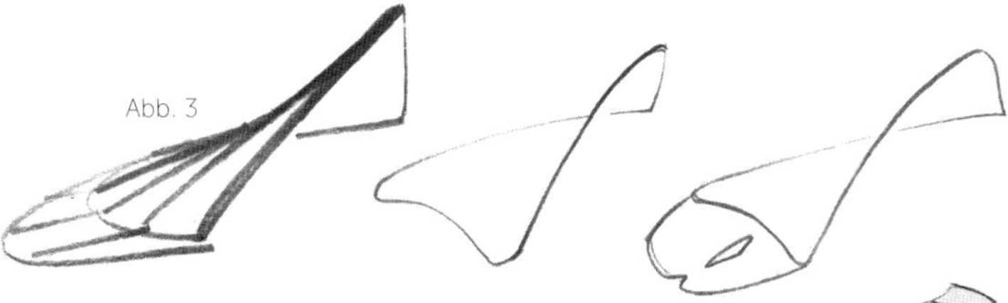

Abb. 2, 3 und 4: Das innen abgehobene Fußbett senkt sich spiralförmig allmählich ab, bis es an der Außenkante auf ganzer Länge aufliegt.

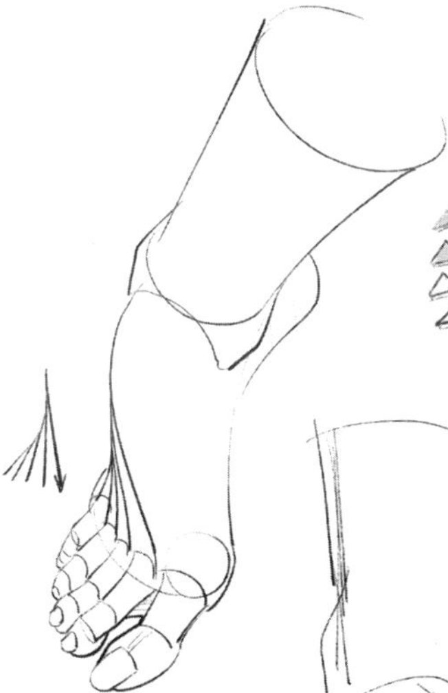

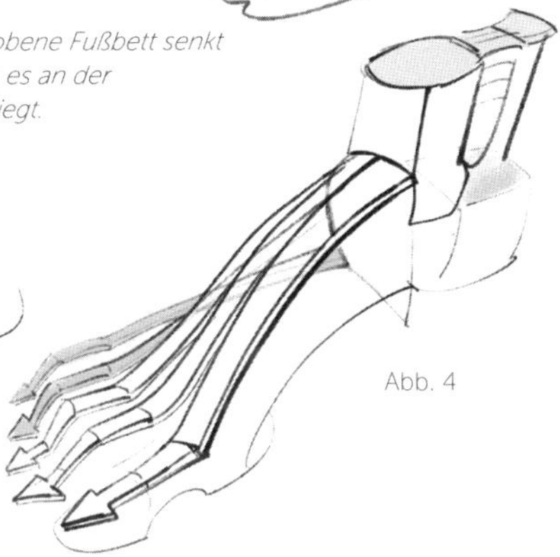

Abb. 4

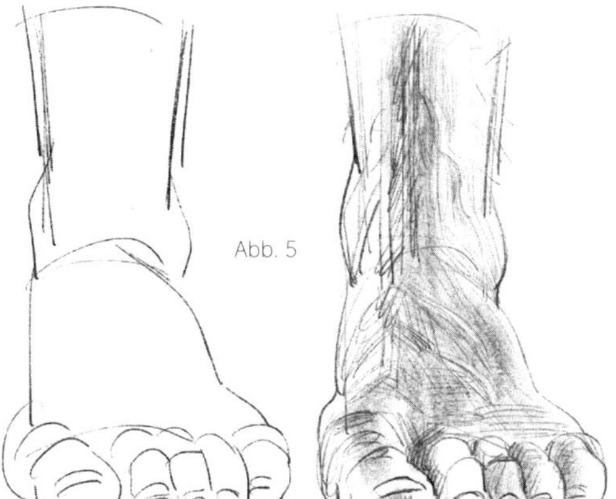

Abb. 5

Abb. 5: Die Form des Fußgewölbes überträgt sich auf den dadurch abgerundeten Fußrücken.

Abb. 1: Der Fuß stützt sich auf den gesamten äußeren Rand, die Köpfe der Mittelfußknochen und die Zehenspitzen.

Abb. 2: Abdruck eines Hohlfußes. Die Ferse löst sich vom Vorfuß.

Abb. 3: Abdruck eines Plattfußes. Das Gewölbe ist flach, der Fuß senkt sich nach innen.

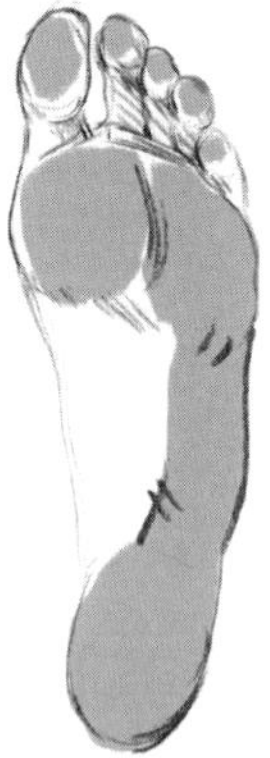

Abb. 1

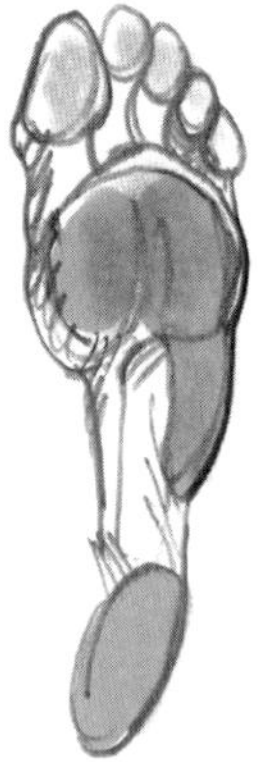

Abb. 2

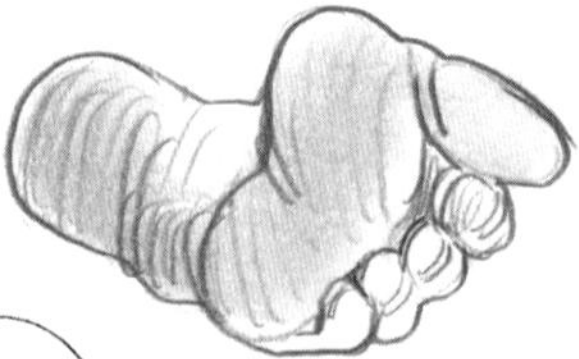

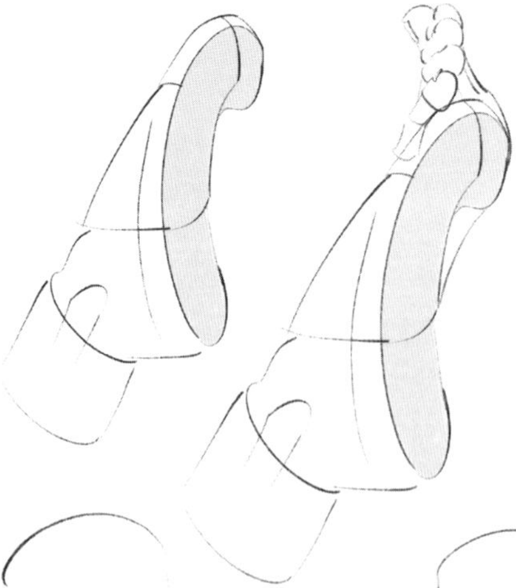

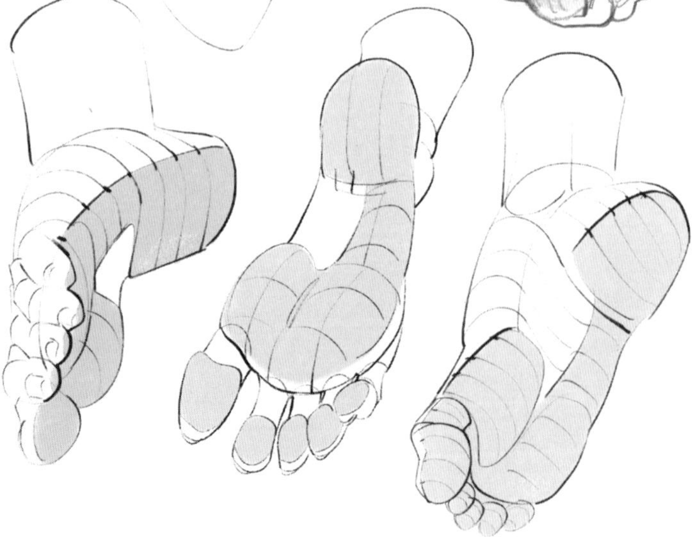

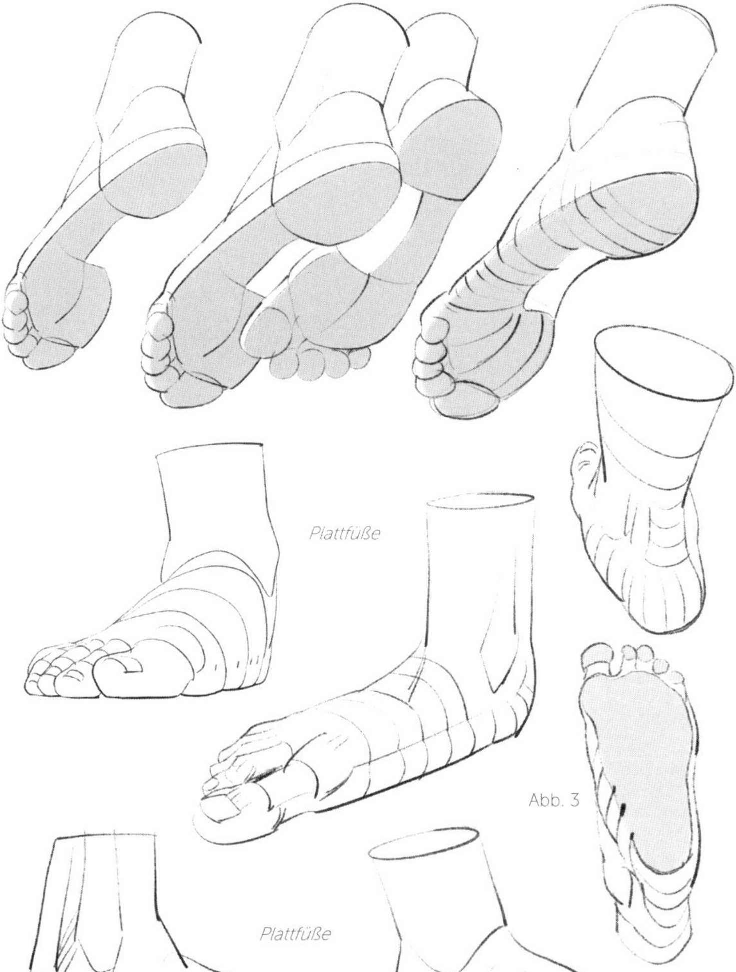

Abb. 3

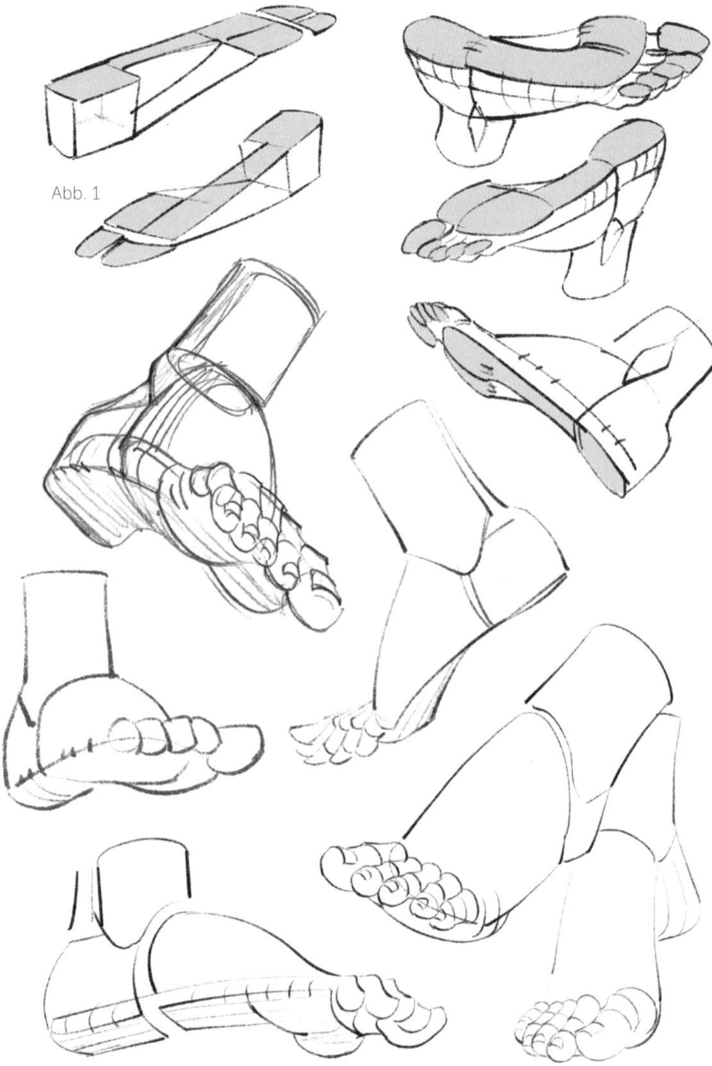

Abb. 1

Abb. 1: Der große Zeh liegt auf einer Linie mit dem Knöchel, während der kleine Zeh auf Höhe der Ferse liegt.

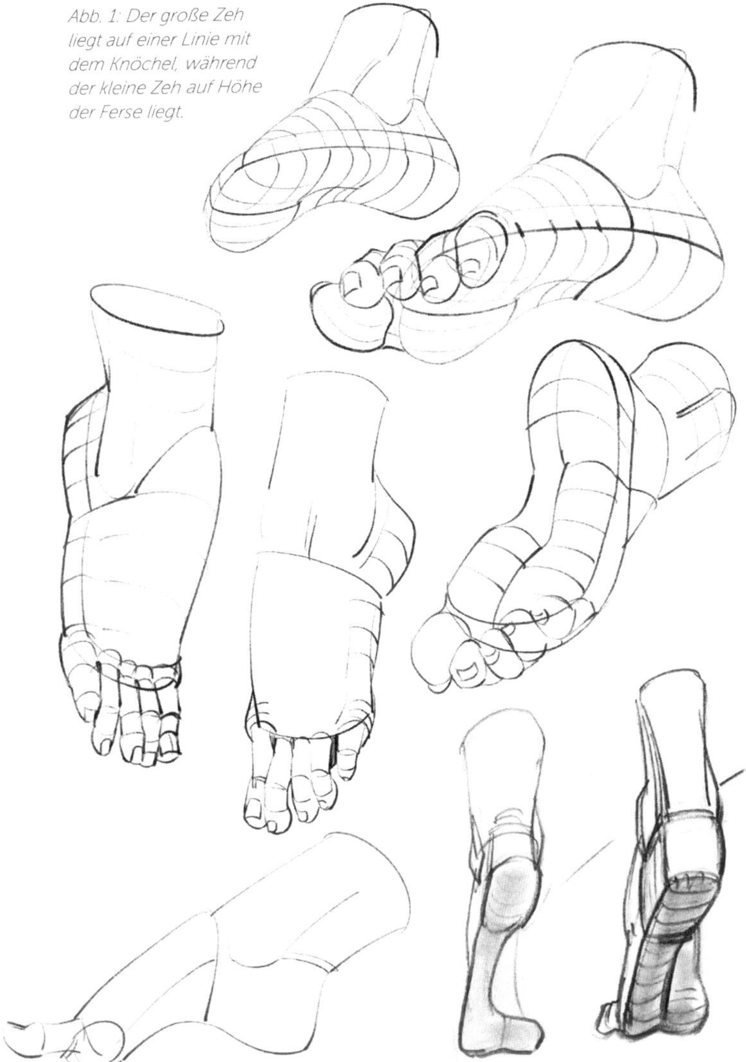

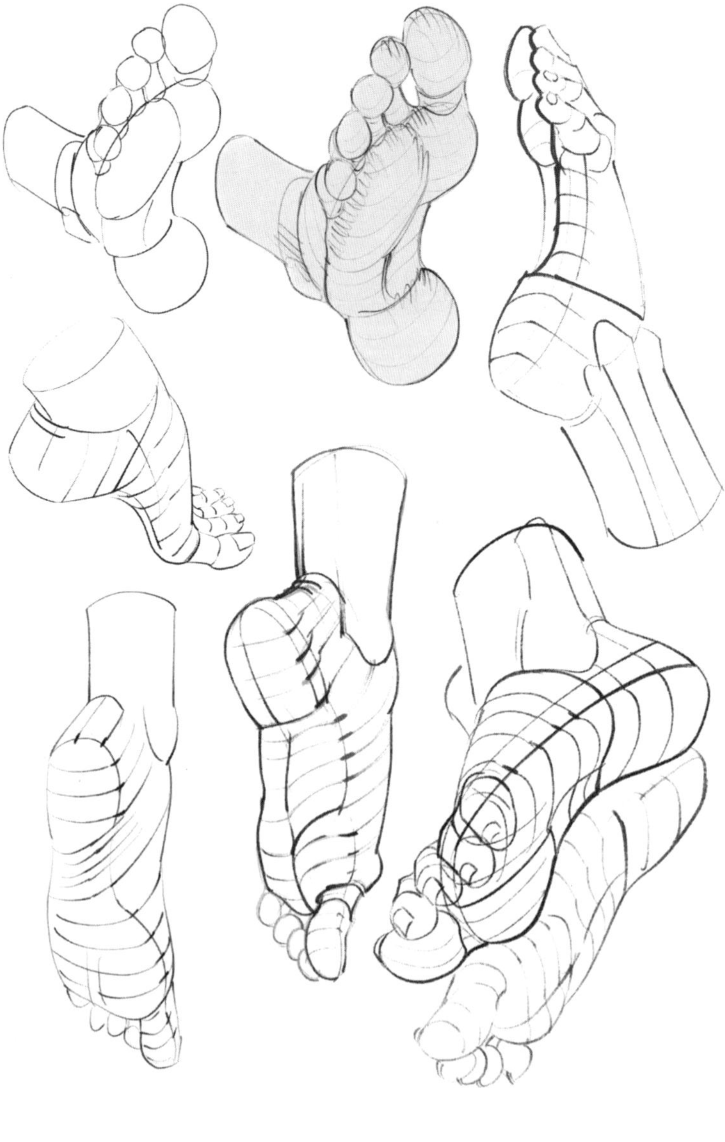

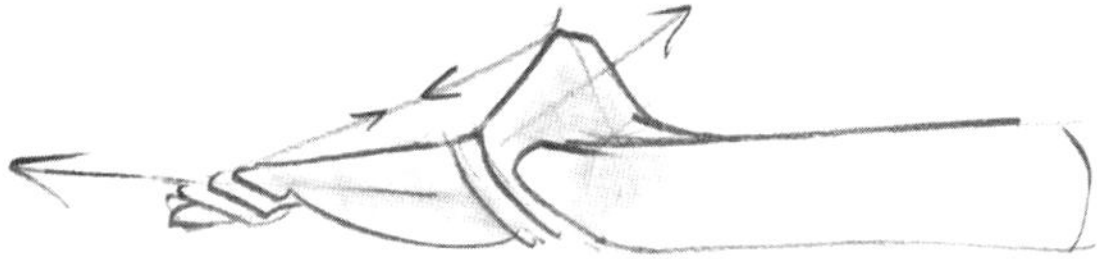

Abb. 1

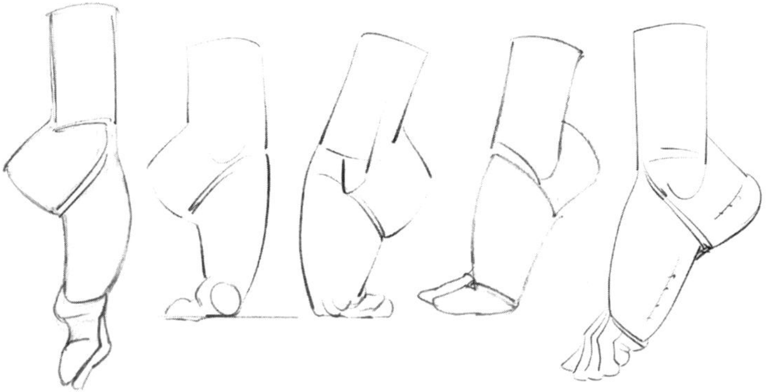

Abb. 1: Das Fußgewölbe ist beweglich. Es vertieft sich bei Plantarflexion oder im Zehenspitzenstand.

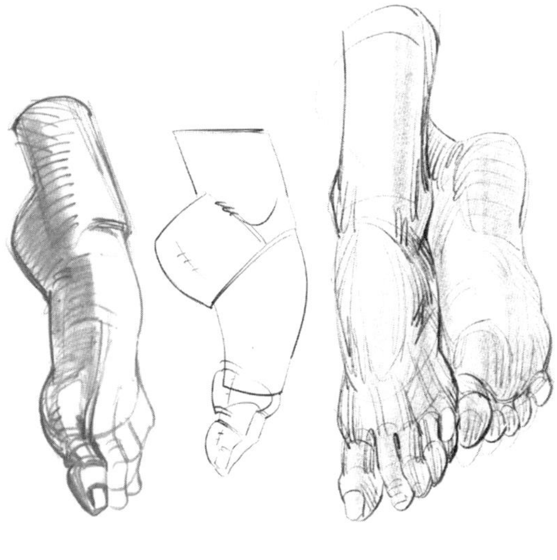

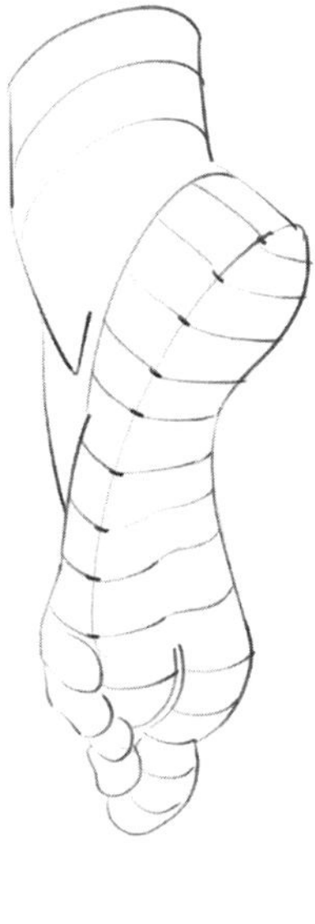

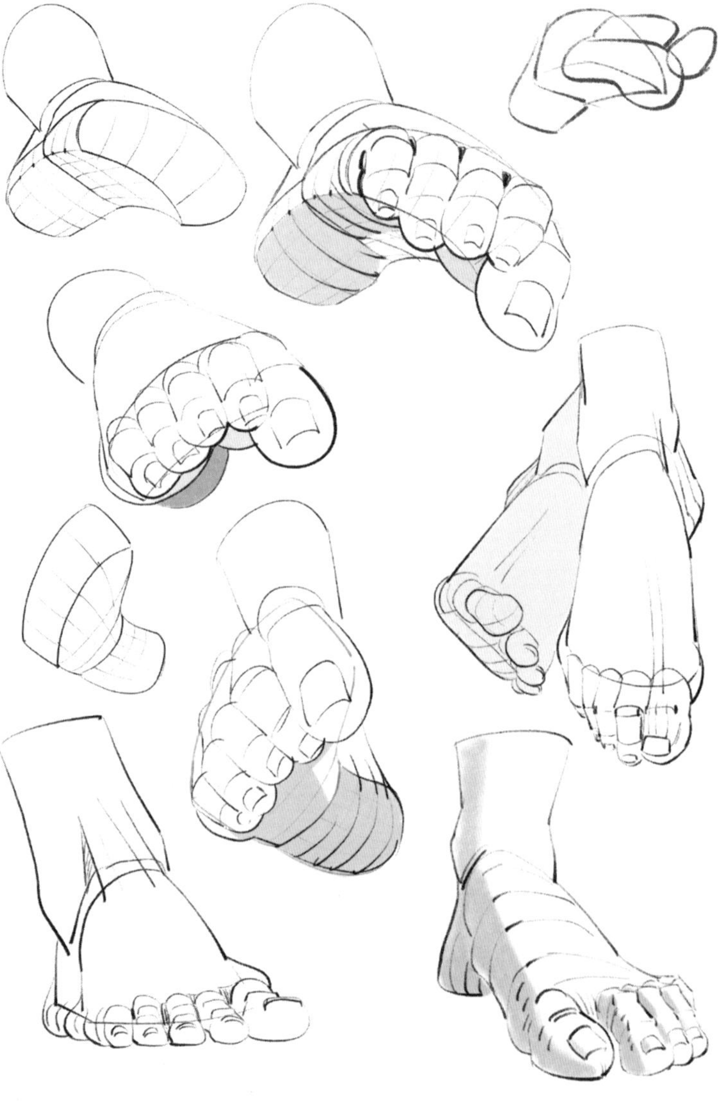

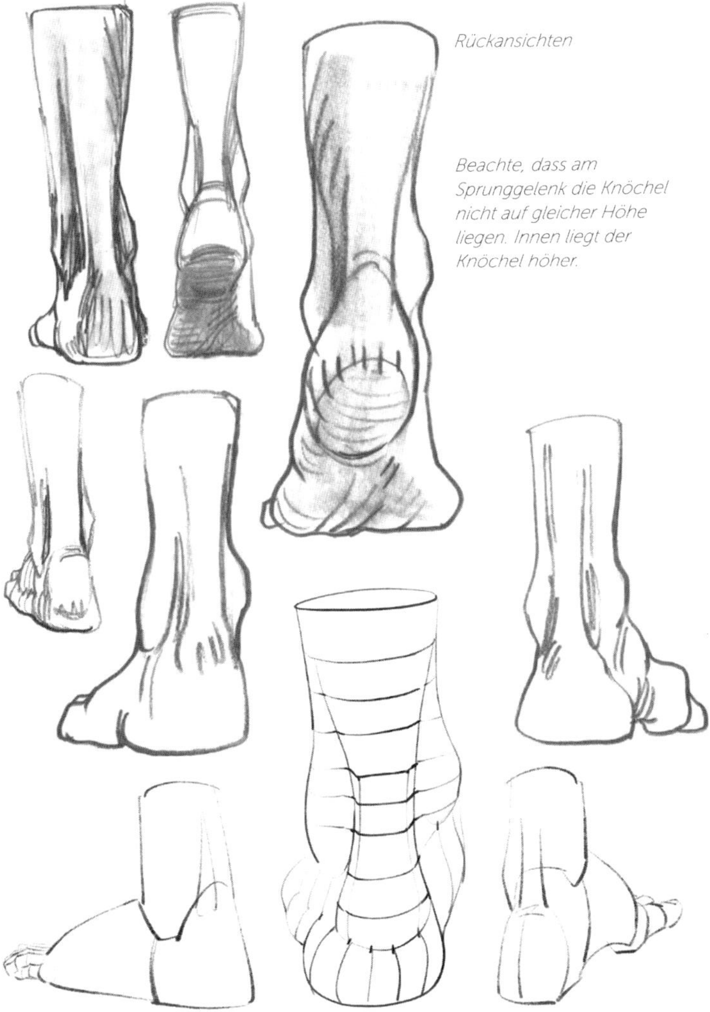

Rückansichten

Beachte, dass am Sprunggelenk die Knöchel nicht auf gleicher Höhe liegen. Innen liegt der Knöchel höher.

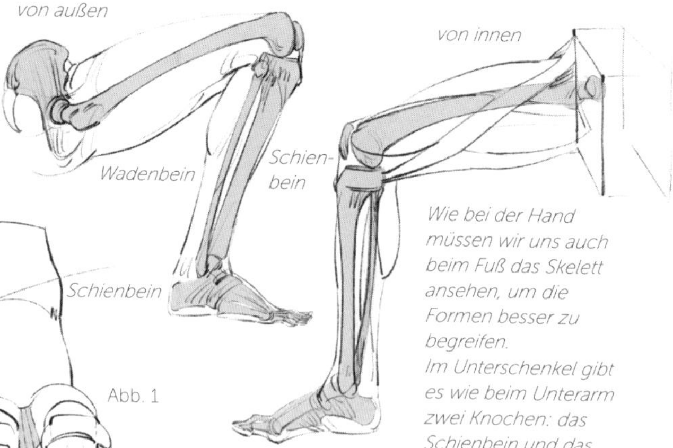

Wie bei der Hand müssen wir uns auch beim Fuß das Skelett ansehen, um die Formen besser zu begreifen.
Im Unterschenkel gibt es wie beim Unterarm zwei Knochen: das Schienbein und das Wadenbein.

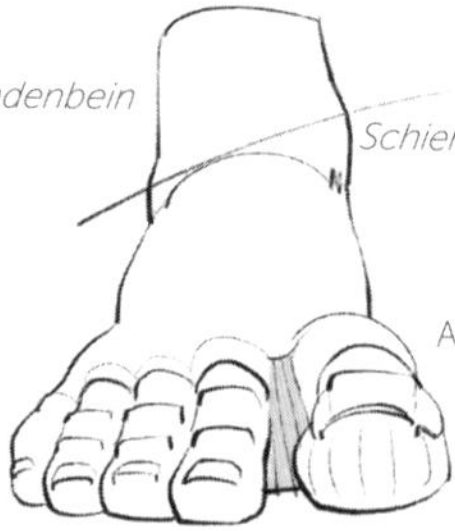

Abb. 1

Das dickere Schienbein nimmt am Knie den Oberschenkelknochen auf. Es liegt auf ganzer Länge direkt unter der Haut und wird am Sprunggelenk zum Innenknöchel.
Das Wadenbein ist nur an seinen Enden sichtbar. Sein unteres Ende ist der äußere Knöchel.

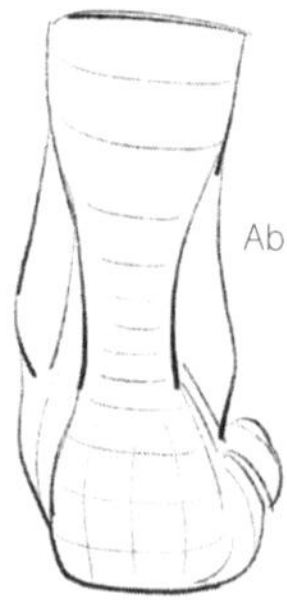
Abb. 2

Abb. 1 und 2: Beachte die Höhe der Knöchel.

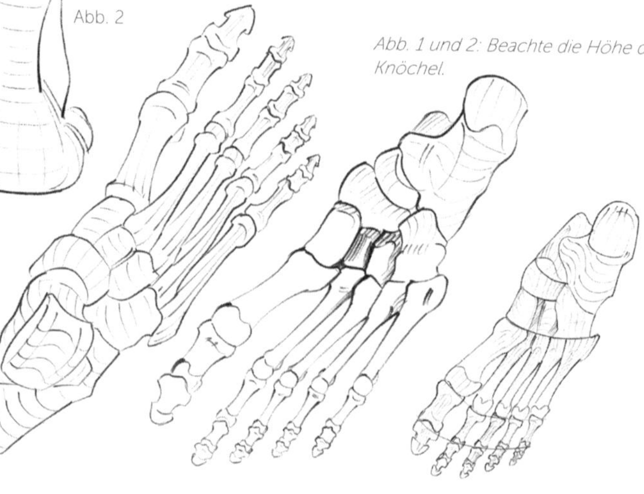

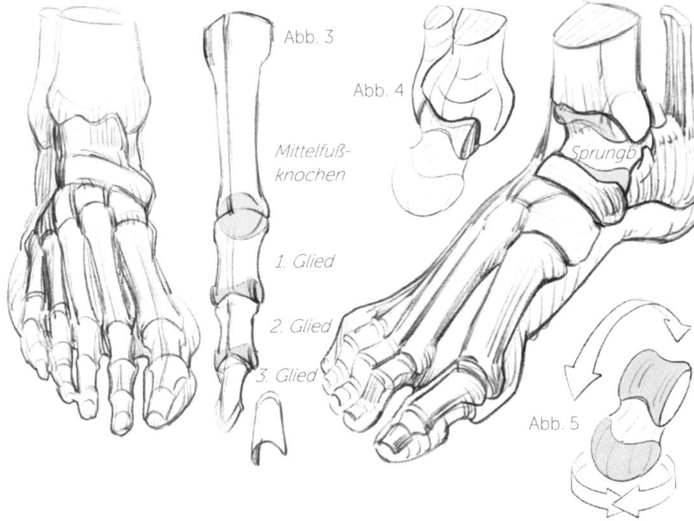

Abb. 3: Wie bei der Hand hat auch jeder Zeh einen Mittelfußknochen und drei Glieder, mit Ausnahme des zweigliedrigen großen Zehs. Auf dem letzten Glied ruht der Nagel.

Abb. 4: Das Sprungbein nimmt das Schienbein auf und überträgt das Körpergewicht. Schienbein und Wadenbein sitzen wie eine Klammer darum.

Abb. 5: Das Sprungbein ist eine Kombination aus zwei Gelenkarten: Scharniergelenk für Beuge-/Streckbewegungen und Kugelgelenk für Verdrehungen im Bereich des Fußspanns. Diese beiden Gelenkarten finden sich auch an allen Zehen (Abb. 3): Kugelgelenk am Kopf des Mittelfußknochens und Scharniergelenk zwischen den einzelnen Zehengliedern, die sich bei gebeugten Zehen abzeichnen können (Abb. 6).

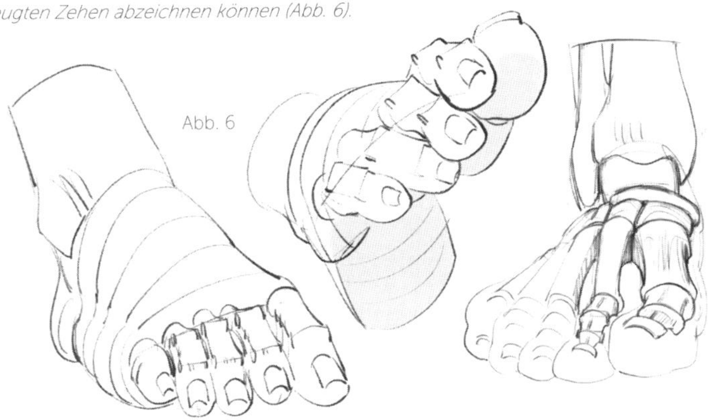

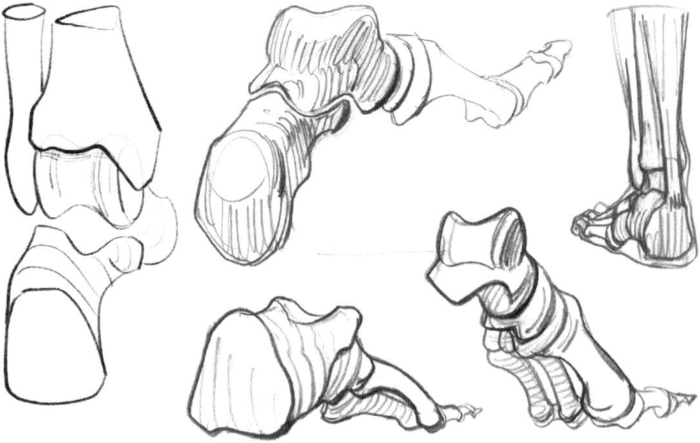

Wir haben oben gesehen, dass der Fuß innen abgehoben ist und außen auf der gesamten Länge den Boden berührt.

Man unterscheidet zwischen einem »dynamischen« und einem »statischen« Teil. Jeder Teil besteht aus einer Reihe von Knochen, die sich an der Ferse treffen.

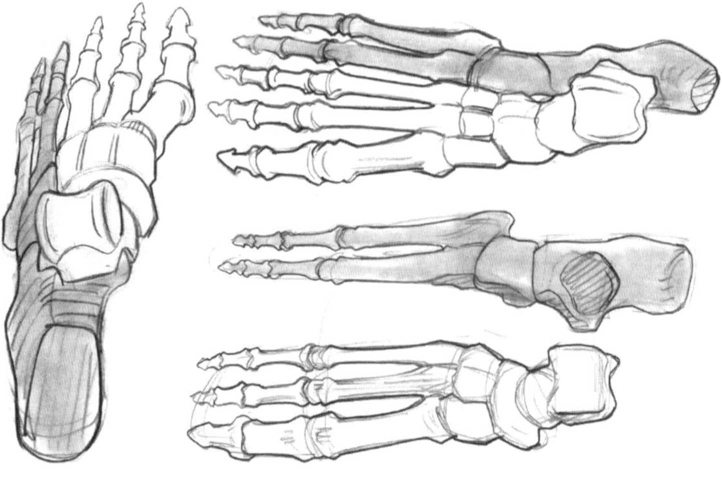

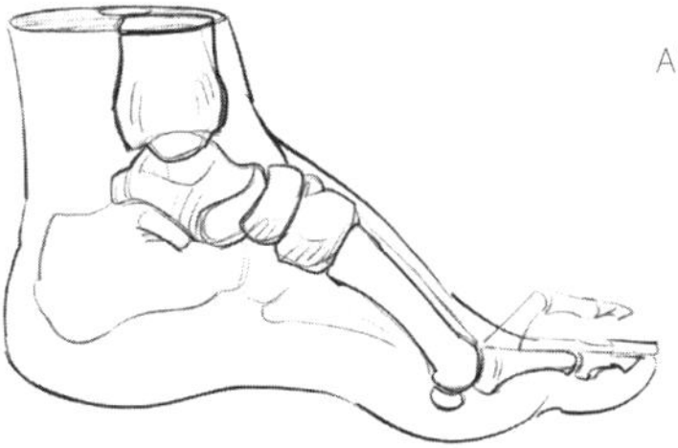

Abb. 1

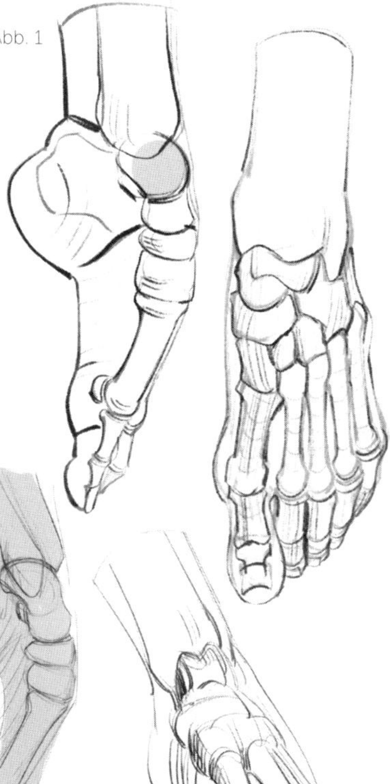

Abb. 1: Auf der Spitze (beim Ballett) oder bei übermäßiger Beugung im Sprunggelenk zeichnet sich das Sprungbein unter der Haut ab.

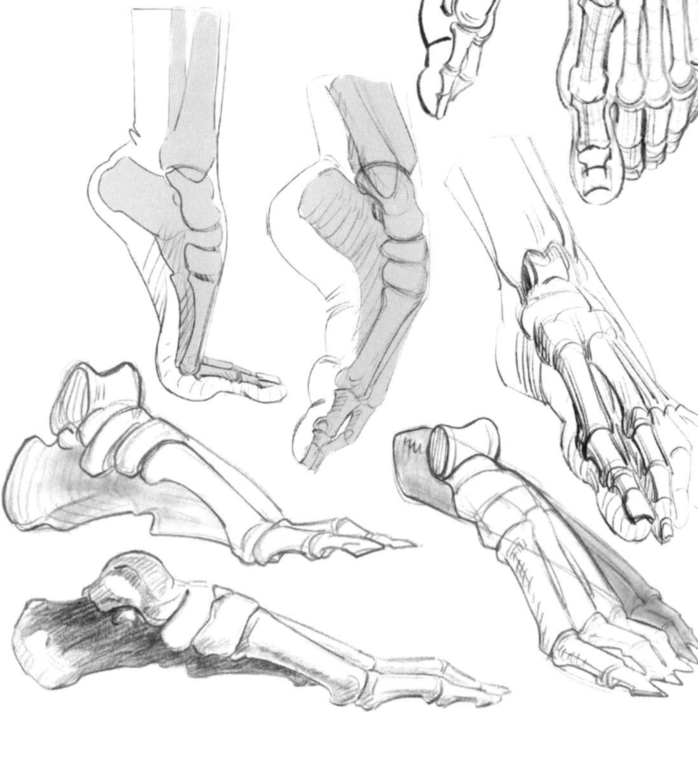

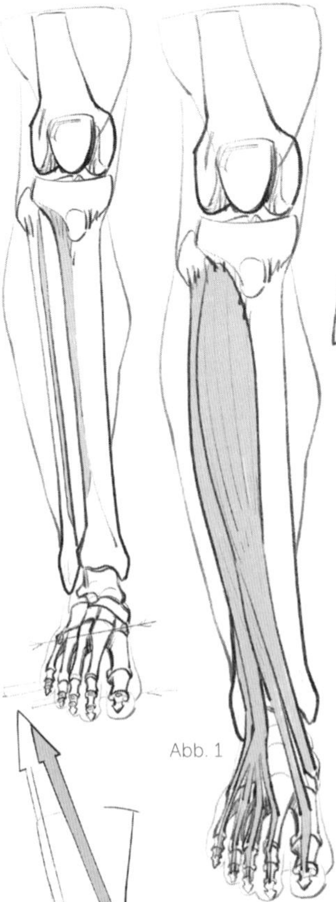

Abb. 1

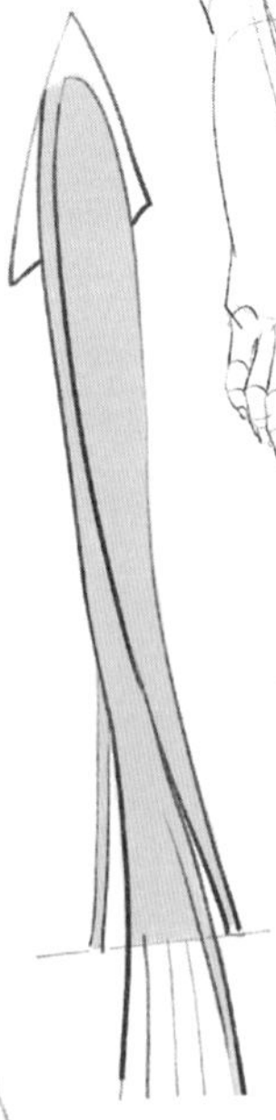

Abb. 2

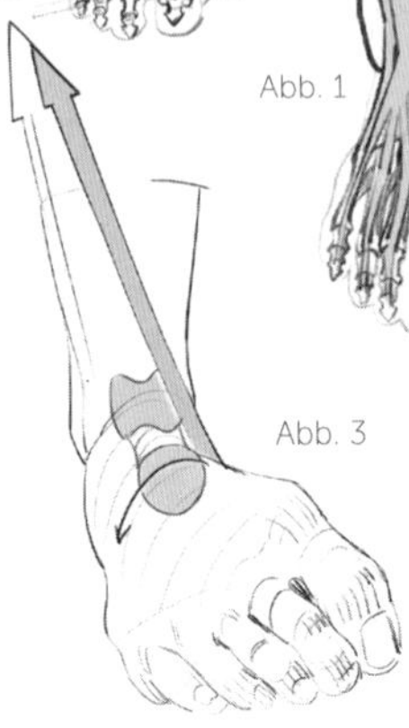

Abb. 3

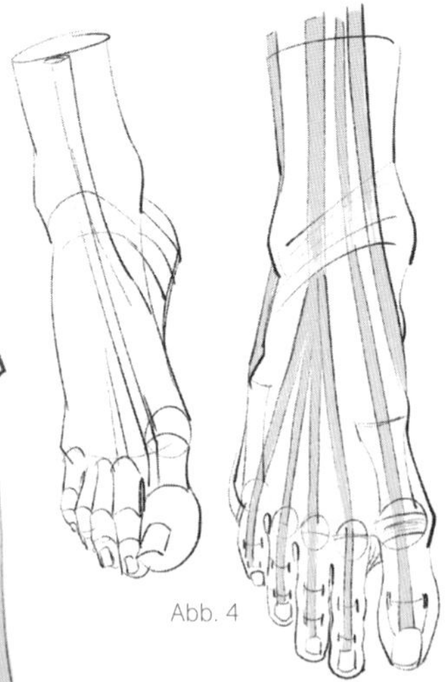

Abb. 4

Abb. 1: Wir haben gesehen, dass die Muskulatur des Unterarms fast ausschließlich Hand und Finger bewegt. Dasselbe gilt für das Bein.
Auch hier verlaufen die Streckmuskeln von außen über den Fußrücken bis zu den Zehen.

Abb. 2 und 3: Die Streckmuskeln teilen sich seitlich in Bündel auf, die an den Seiten des Fußes enden und Verdrehungen ermöglichen.

Abb. 4: Ein Band hält die Sehnen im Knöchelbereich zusammen.

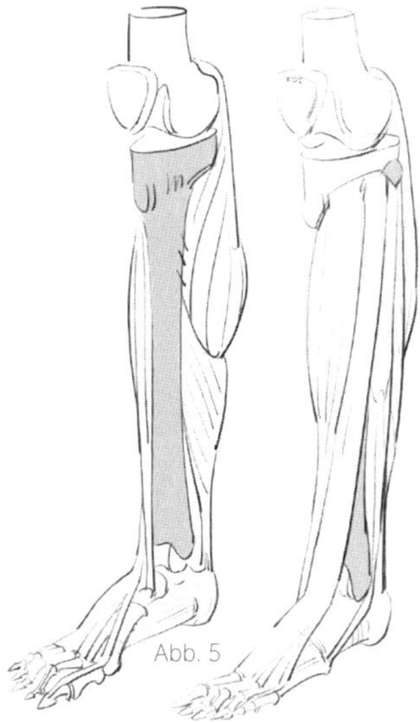

Abb. 5

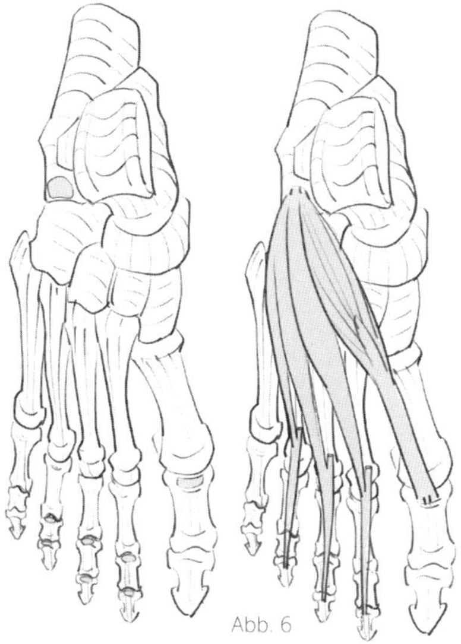

Abb. 6

Abb. 5: Von innen ist das Schienbein in seiner ganzen Länge zu sehen, von außen das Wadenbein nur am oberen und unteren Ende.

Abb. 6: Ansatz des Fußmuskels (Musculus extensor digitorum brevis), der die Arbeit der Zehenstrecker unterstützt.

Abb. 7: Die äußersten Strecker enden an den Seiten und ermöglichen die Drehbewegungen des Fußes unter dem Sprungbein.

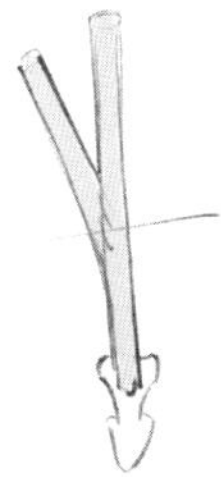

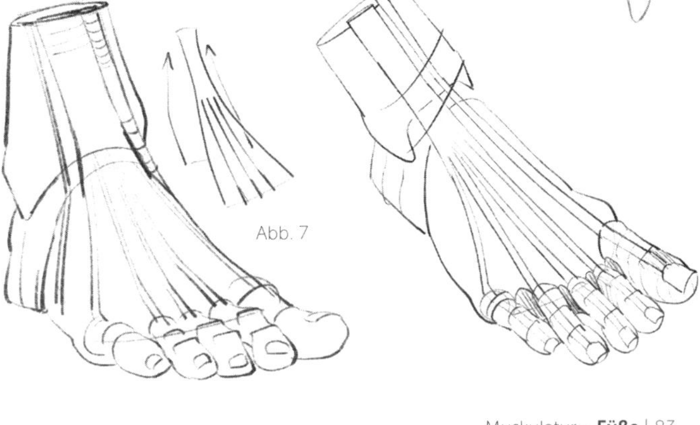

Abb. 7

Abb. 1: Wirkung der Beuger.

Abb. 2: Ansatz der Beuger.

Abb. 3: Die Beuger teilen sich wie ihre Gegenspieler (die Strecker) in mehrere Bündel auf. Zwei seitliche enden an den Seiten des Fußes, während das mittlere Bündel bis zu den Zehenspitzen reicht.

Abb. 1

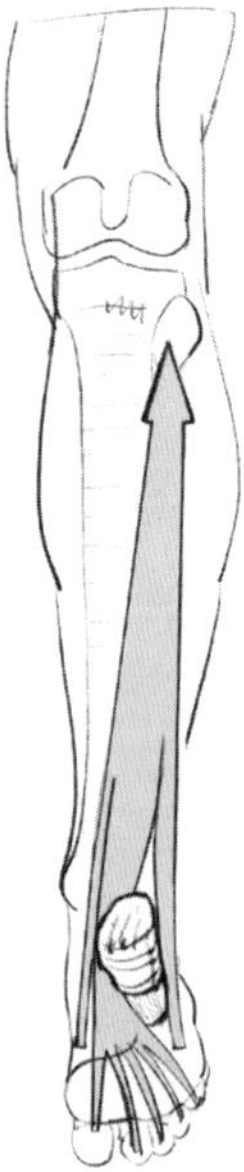

Abb. 2

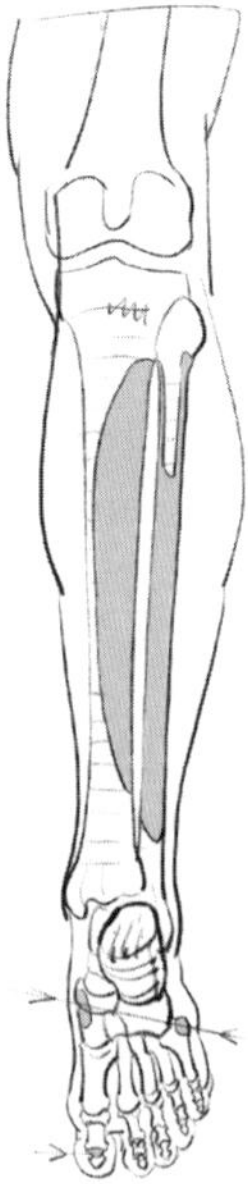

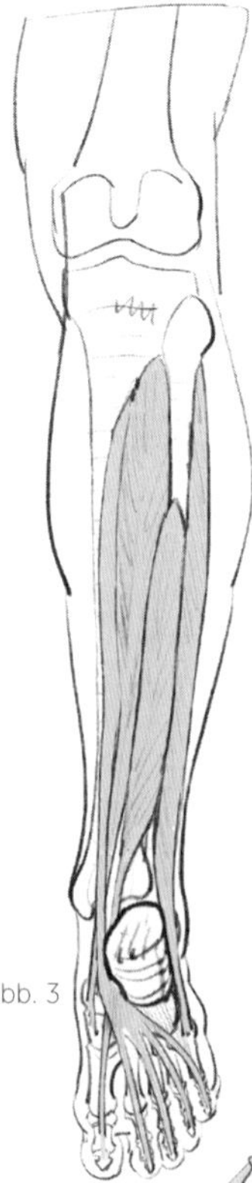

Abb. 3

Abb. 4: Die Beuger werden an der Rückseite des Innenknöchels sichtbar.

Abb. 5: Beuger und Strecker zu beiden Seiten des Knöchelgelenks.

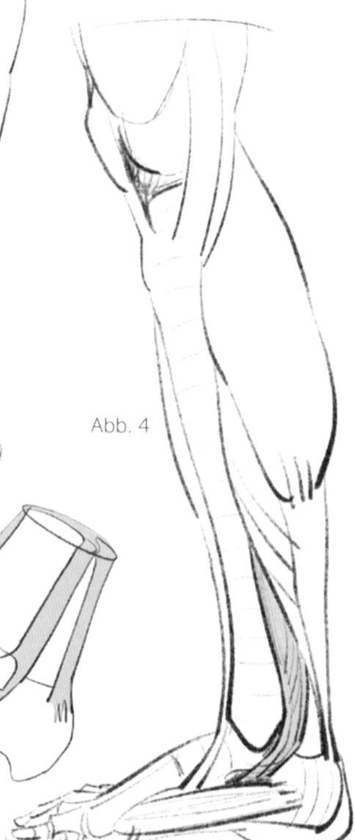

Abb. 4

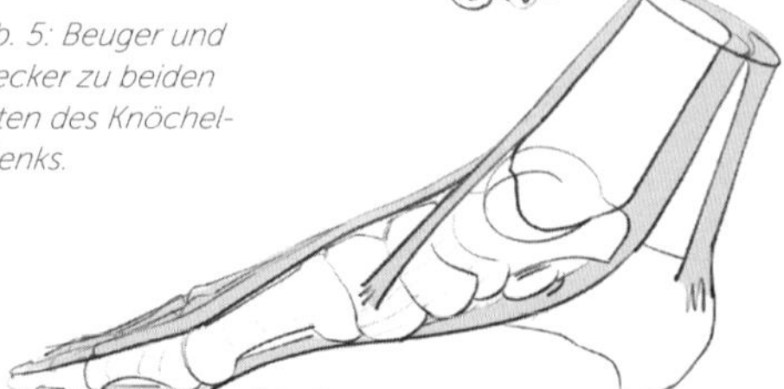

Abb. 5

Abb. 6: Ansatz des Schollenmuskels.

Abb. 7: Der Schollenmuskel (Musculus soleus) ist der untere Teil des dreiköpfigen Wadenmuskels (Musculus triceps surae).

Abb. 8: Wirkung des Triceps.

Abb. 9: Der Zwillingswadenmuskel (Musculus gastrocnemius), der über dem Schollenmuskel liegt, setzt ebenfalls an der Ferse an. Zusammen bilden sie alle den Triceps surae.

Abb. 6

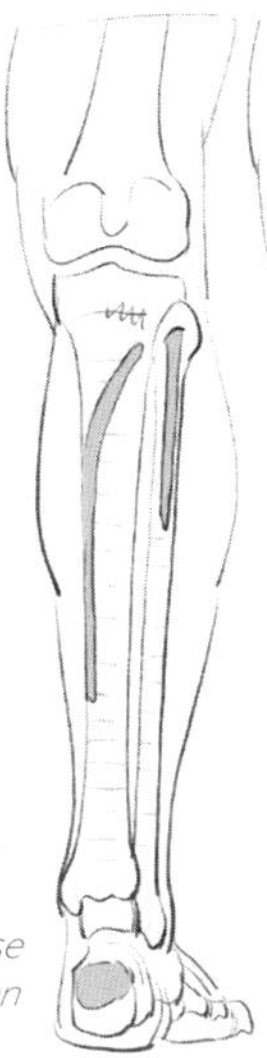

Abb. 7

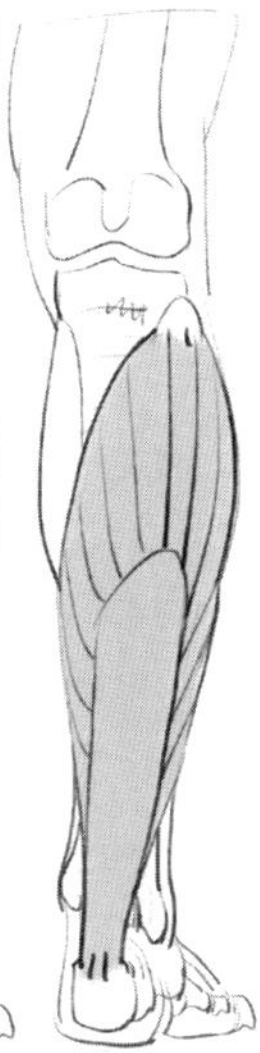

Abb. 8

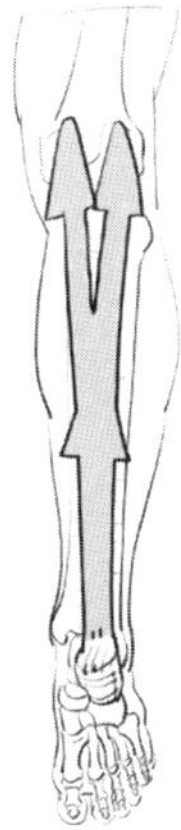

Abb. 11: Strecker gegenüber dem Triceps.

Abb. 12: Beuger zwischen den beiden.

Abb. 13: Der äußere Knöchel (Ende des Wadenbeins) zwischen den Beuge- und Streckmuskeln.

Abb. 9

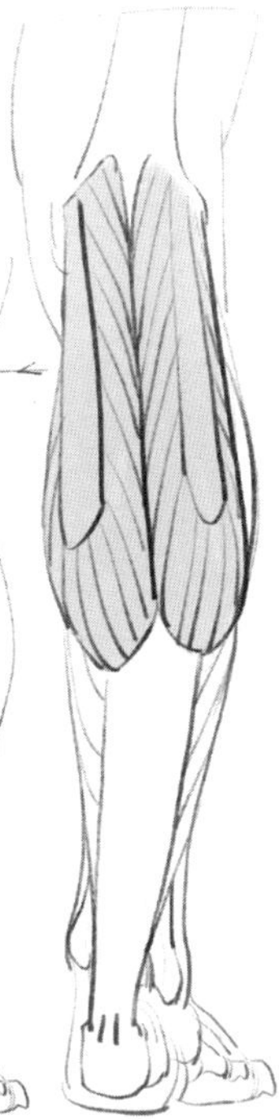

Abb. 10: Ansatz des Zwillingswadenmuskels.

Abb. 10

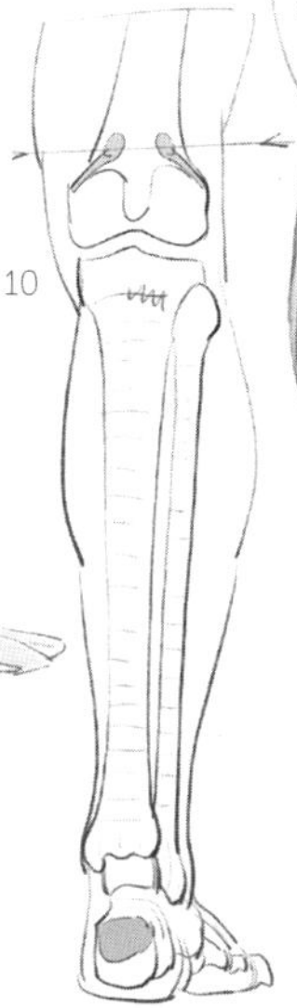

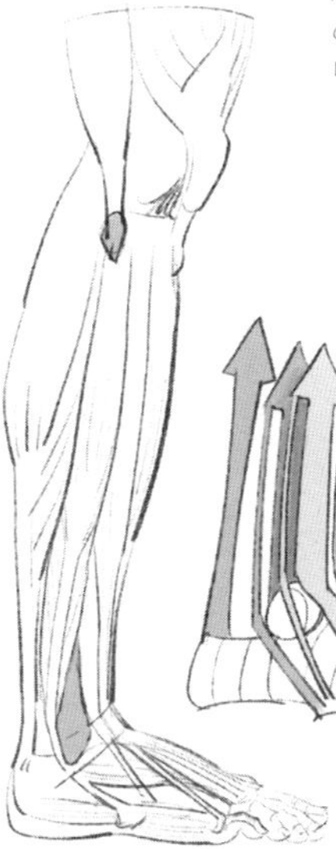

Abb. 11

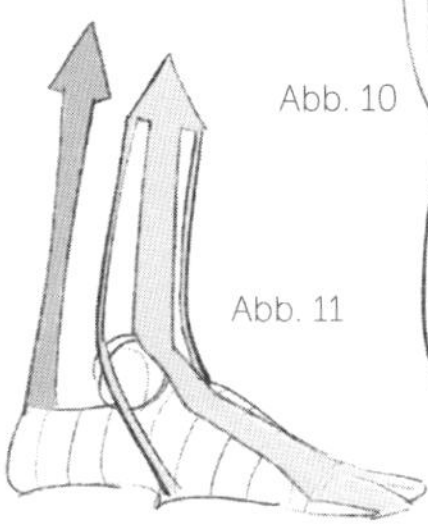

Abb. 12

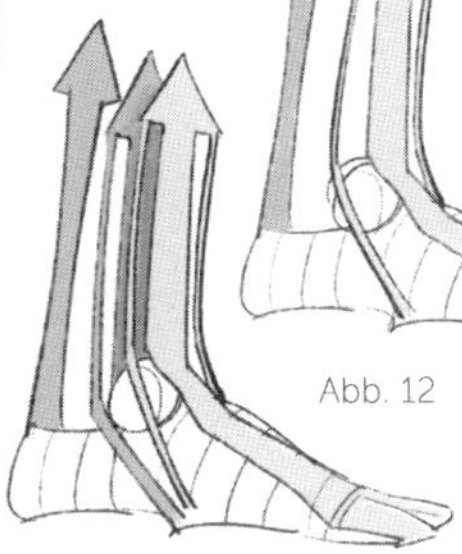

Abb. 13

Abb. 1: Ansatz des Fußbeugers.

Abb. 2: Sehnenverbindung zwischen diesem Muskel, der sich aufspaltet, um das Ende des Zehenbeugers durchzulassen (siehe S. 84).

Abb. 3: Wirkung der Zwischenknochenmuskeln an Fußrücken und Sohle.

Abb. 4: Ansatz der Zwischenknochenmuskeln.

Abb. 5: Wirkung des Adduktors des großen Zehs und der Abduktoren des kleinen Zehs.

Abb. 6: Ansatz des Adduktors des großen Zehs und der Abduktoren des kleinen Zehs.

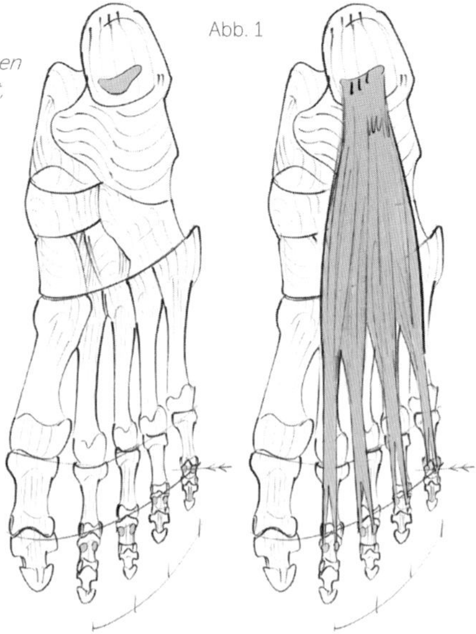

Abb. 1

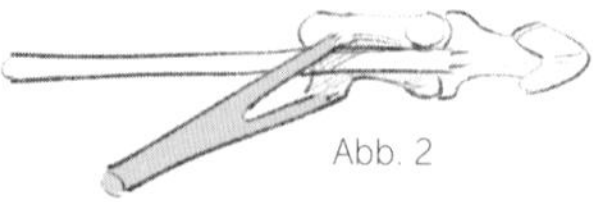

Abb. 2

Abb. 7: Diese Muskulatur wird weitgehend von Fett verdeckt. Der Adduktor des großen Zehs ist hier als einziger sichtbar.

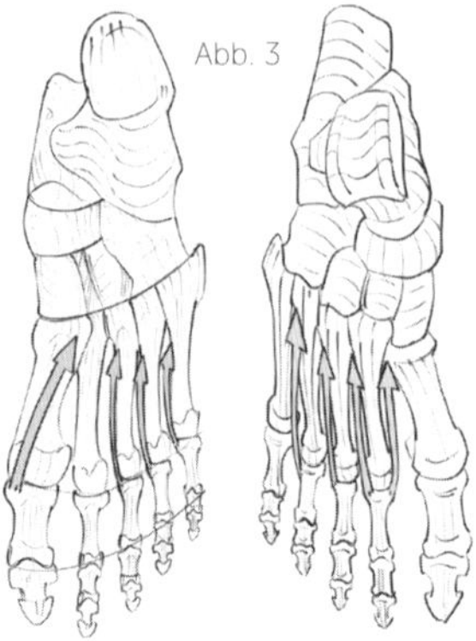

Abb. 3

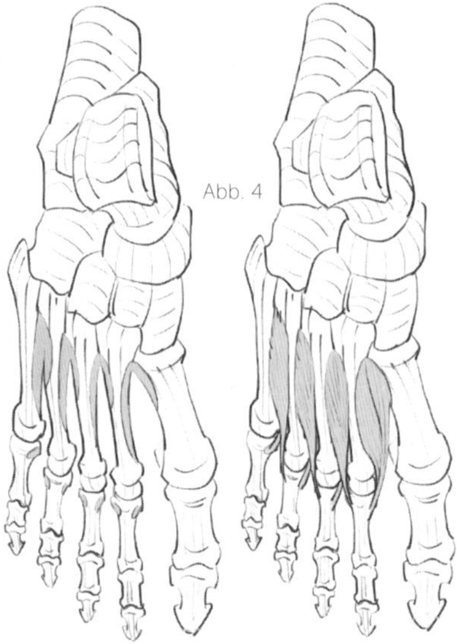

Abb. 4

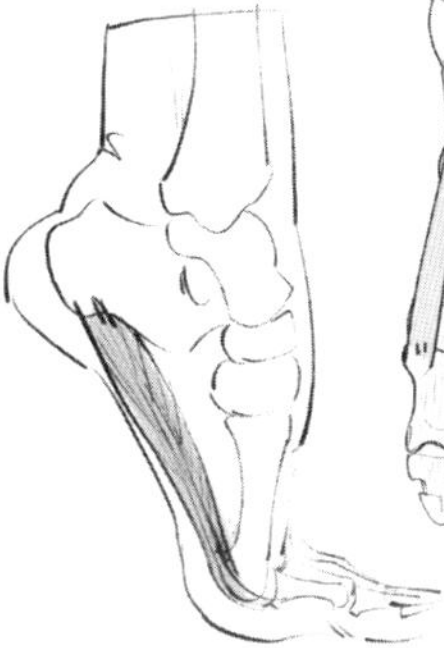

Abb. 5

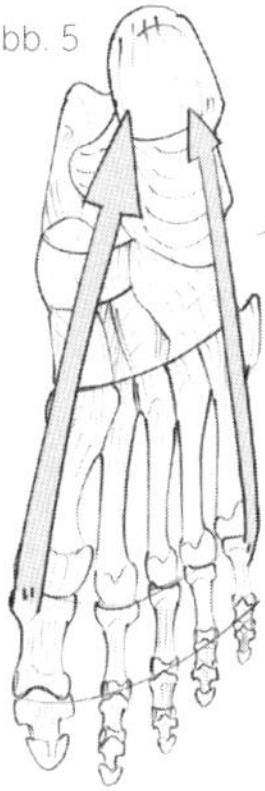

Abb. 6

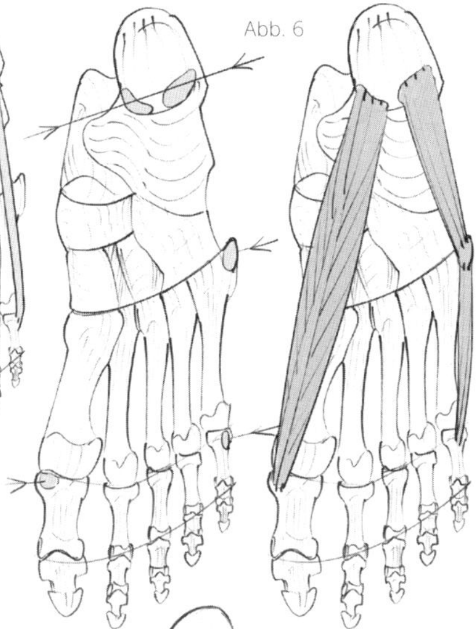

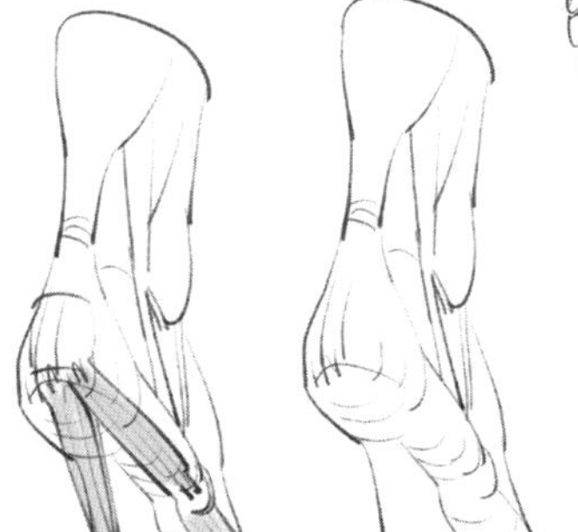

Abb. 7

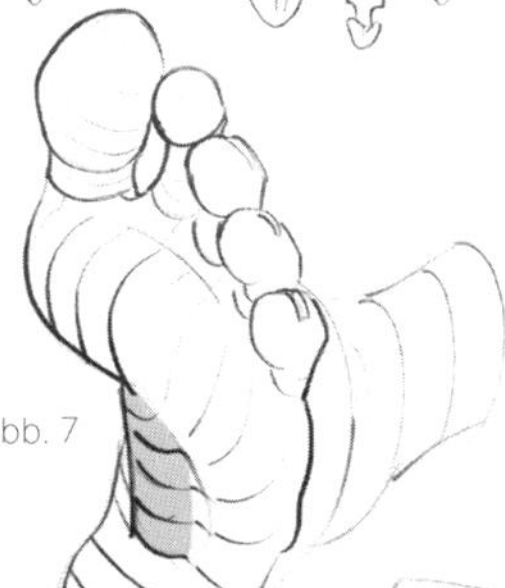

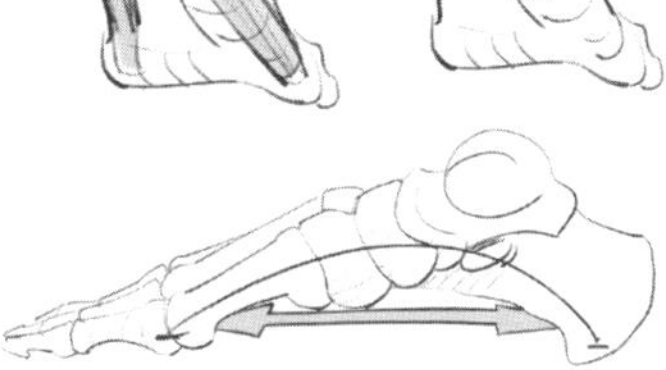

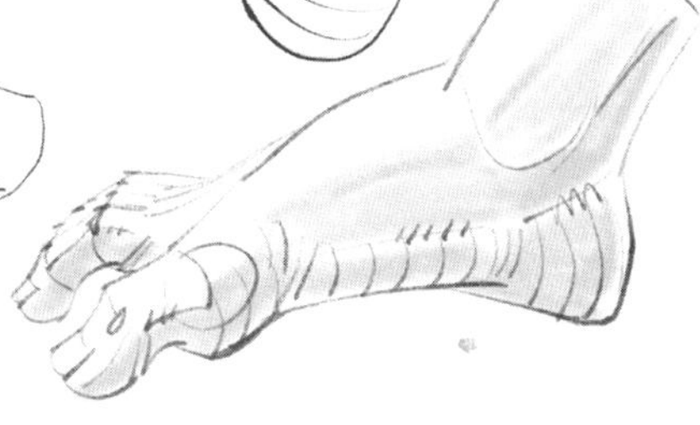

Diese Muskeln spannen das Fußgewölbe wie eine Bogensehne.

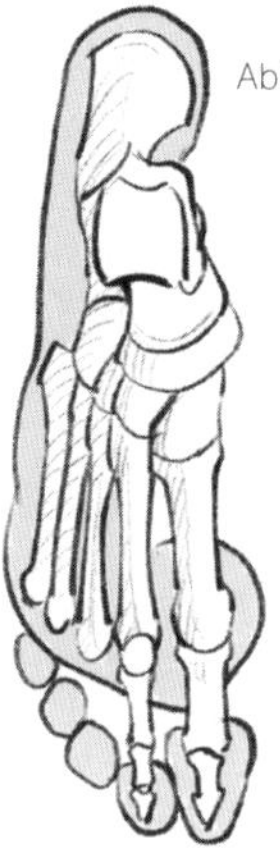

Abb. 1

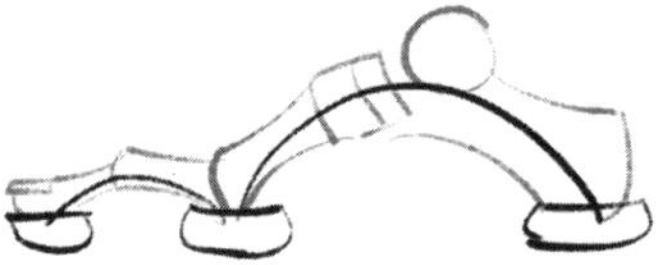

Abb. 2

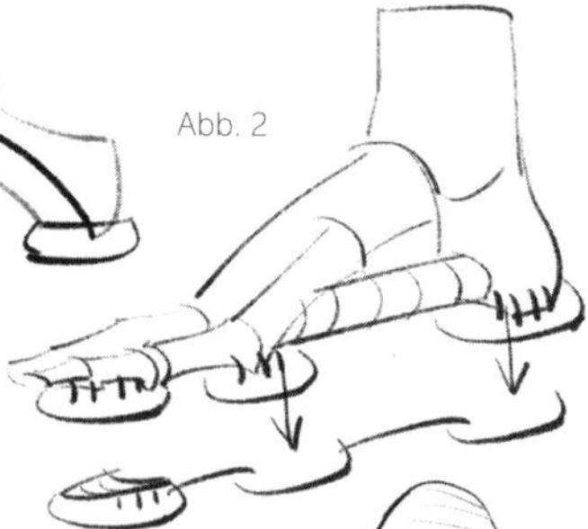

Abb. 1: Silhouette des Abdrucks.

Abb. 2: Fettpolster unter den Auflagestellen.

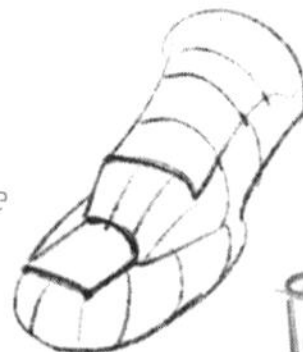

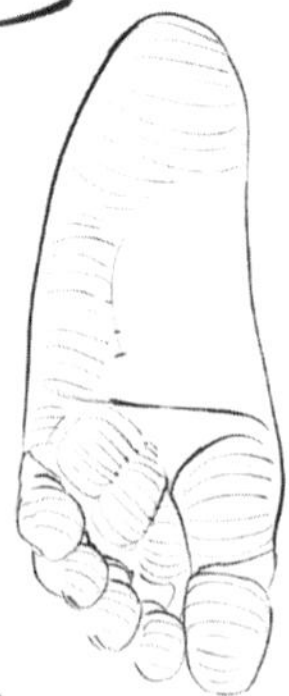

Dieses Fettpolster fängt Stöße und das Körpergewicht ab, schützt die Fußmuskeln und vergrößert die Haftfläche des Fußes.

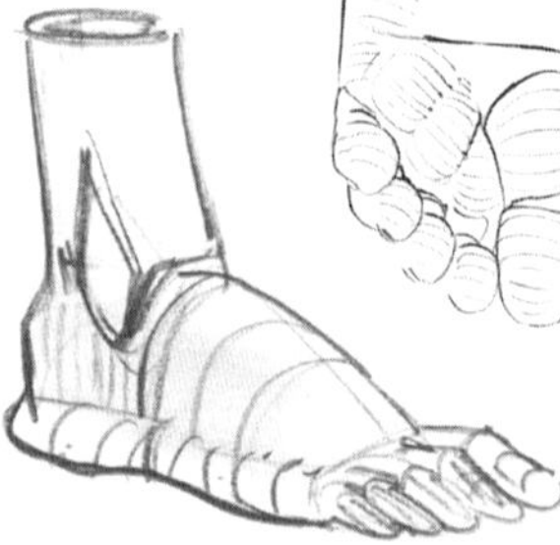

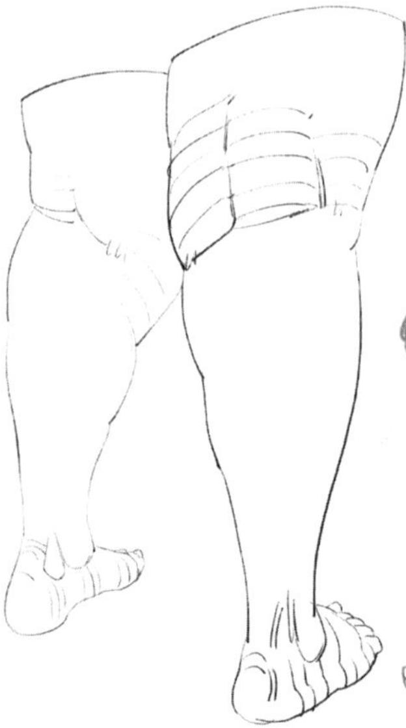

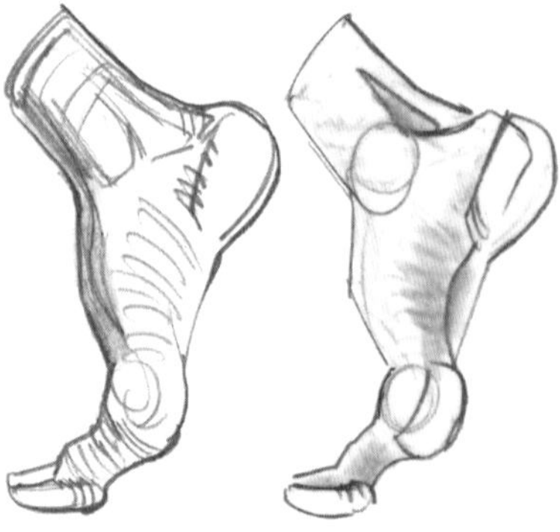

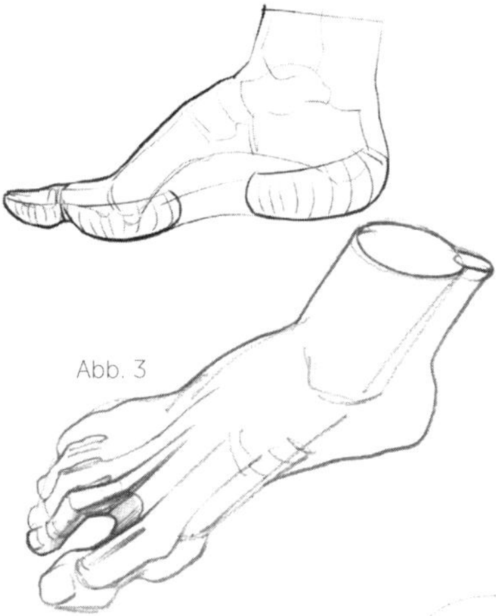

Abb. 3

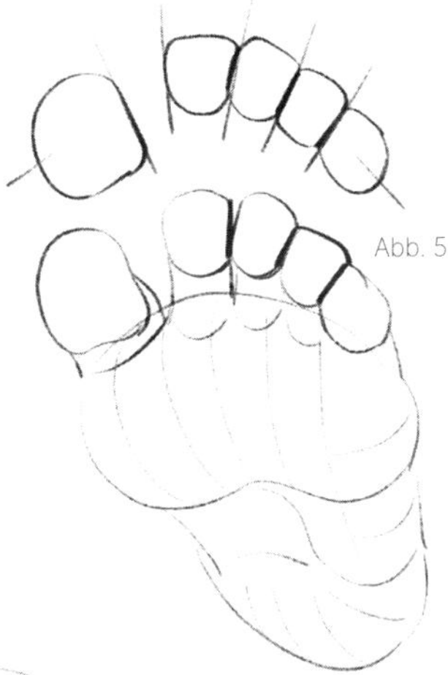

Abb. 5

Abb. 3 und 4: Wie zwischen den Fingern (siehe S. 53) reicht auch hier die Fettwulst, die die Köpfe der Mittelfußknochen schützt, bis etwa zur Hälfte des ersten Zehnenglieds. So entstehen die Hautfalten oder »Schwimmhäute« zwischen den Zehen.

Abb. 5 und 6: Durch das Tragen von Schuhen werden unsere Zehen eingeengt und dauerhaft verformt. Der große Zeh (Abb. 6) ändert dadurch seine Richtung zur Fußmitte hin.

Abb. 4

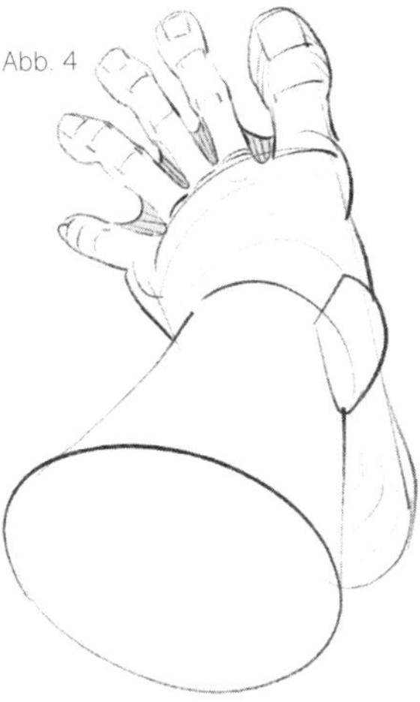

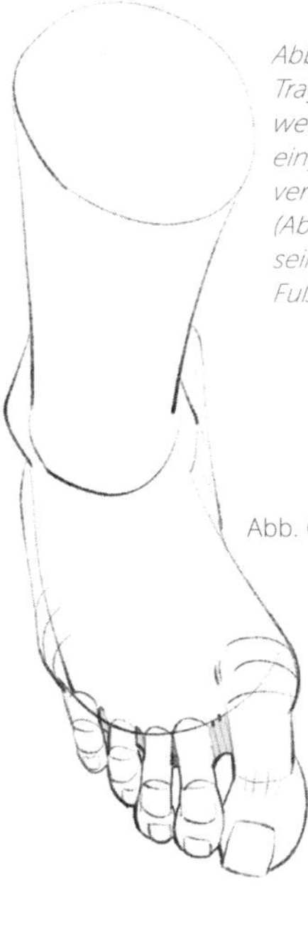

Abb. 6

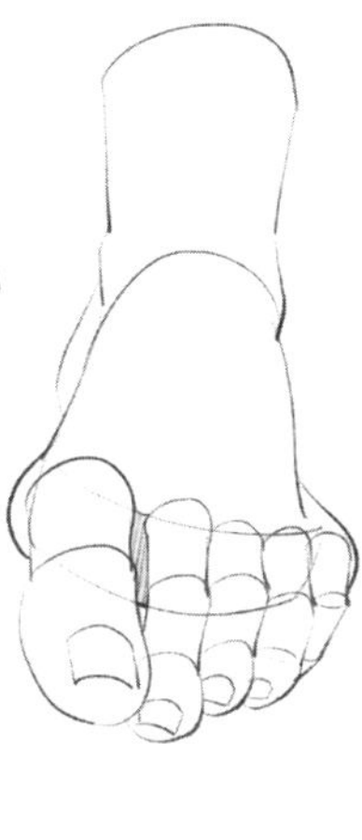

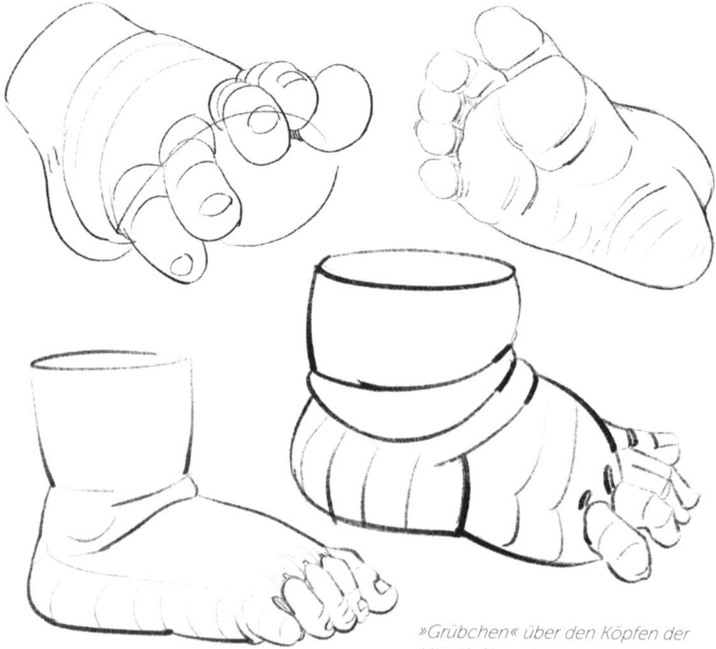

»Grübchen« über den Köpfen der Mittelfußknochen

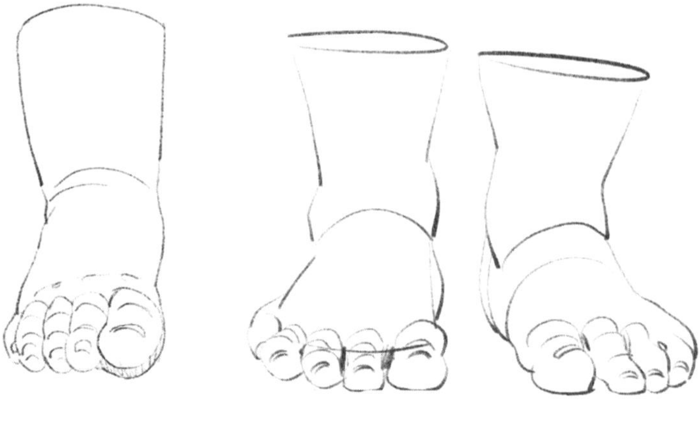

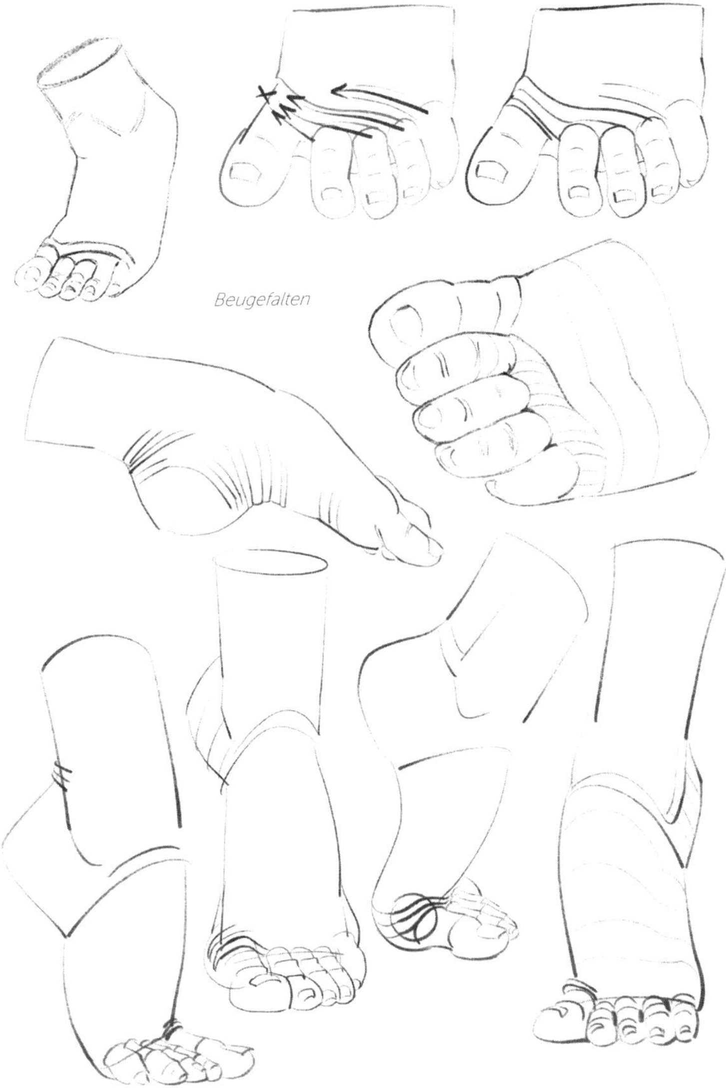
Beugefalten

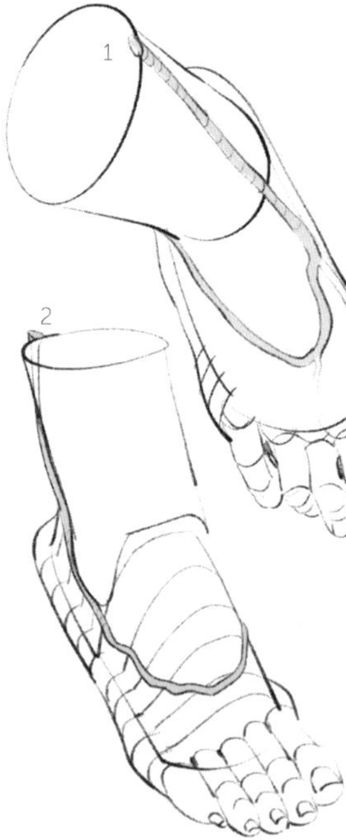

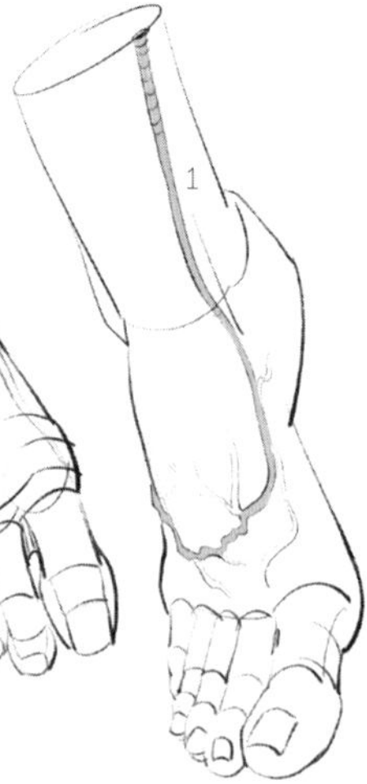

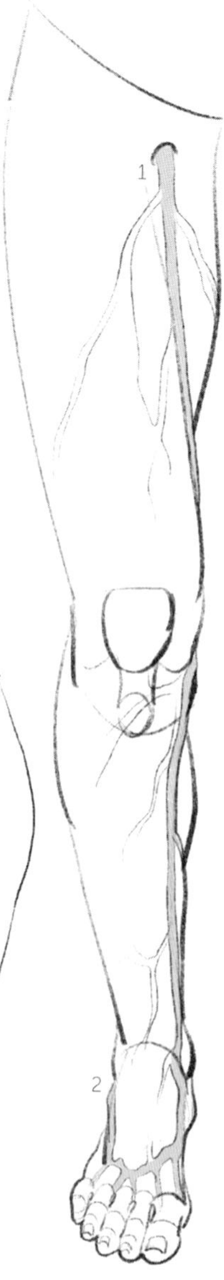

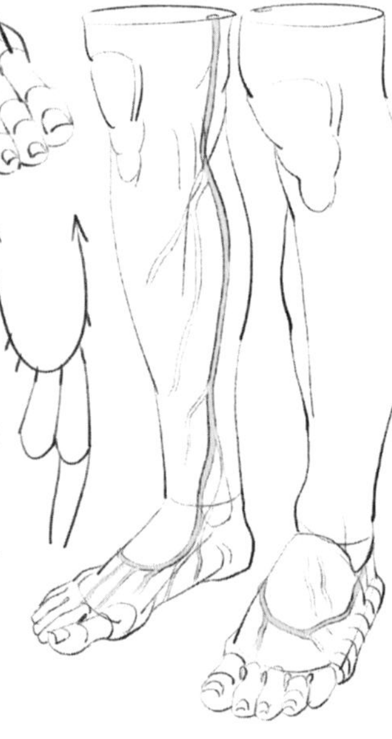

Der Verlauf der Venen sieht ähnlich aus wie an der Hand. Die Venen beginnen auch hier an den Zehenspitzen und treffen sich in großer Zahl über den Mittelfußknochen in einem großen Bogen auf dem Fußrücken.

Dieser Bogen setzt sich nach hinten fort und geht in zwei große Venen über, die am Bein nach oben führen.

Innen verläuft die Saphena magna (1) vor dem Innenknöchel, das Schienbein entlang, hinter dem Gelenkkopf des Oberschenkelknochens am Knie und diagonal den Oberschenkel hinauf (parallel zum Schneidermuskel (Musculus sartorius)), bevor sie in der Leistengegend verschwindet.

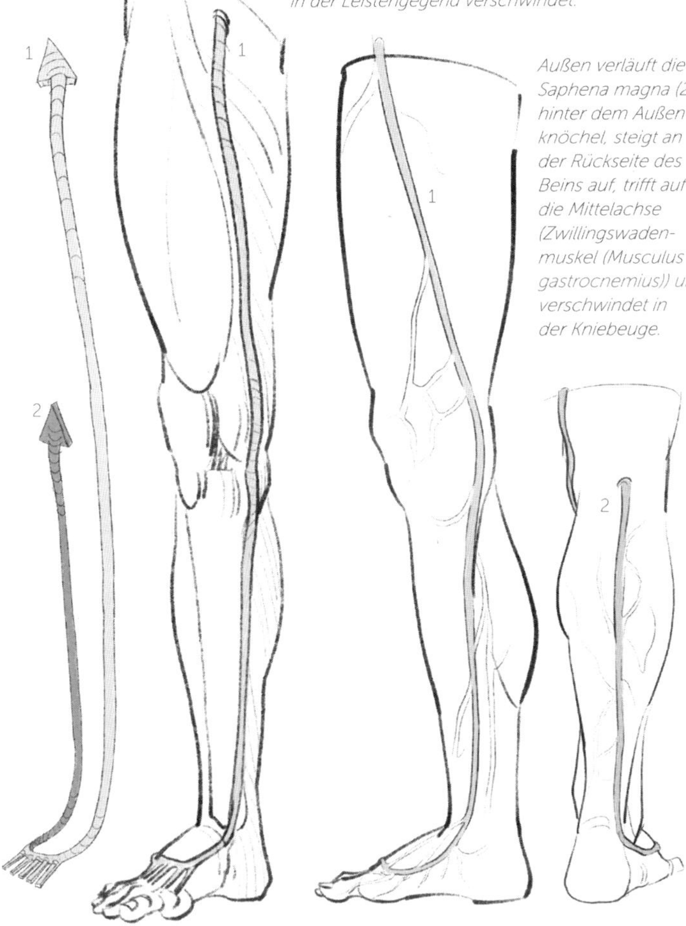

Außen verläuft die Saphena magna (2) hinter dem Außenknöchel, steigt an der Rückseite des Beins auf, trifft auf die Mittelachse (Zwillingswadenmuskel (Musculus gastrocnemius)) und verschwindet in der Kniebeuge.

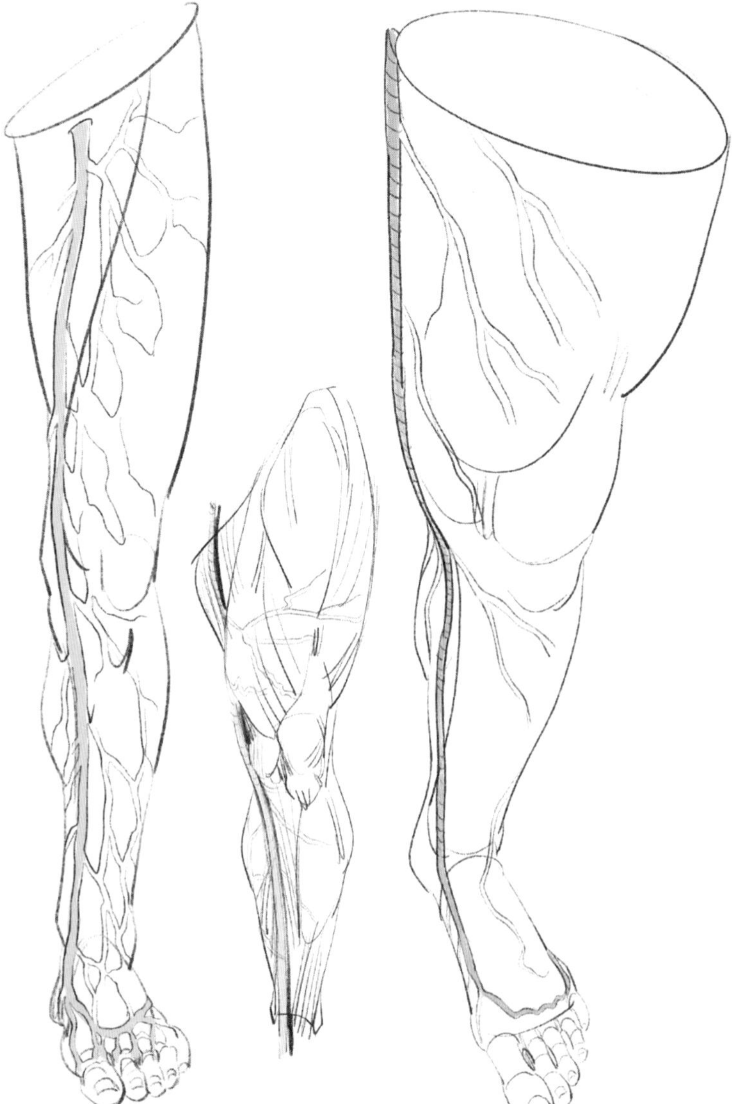

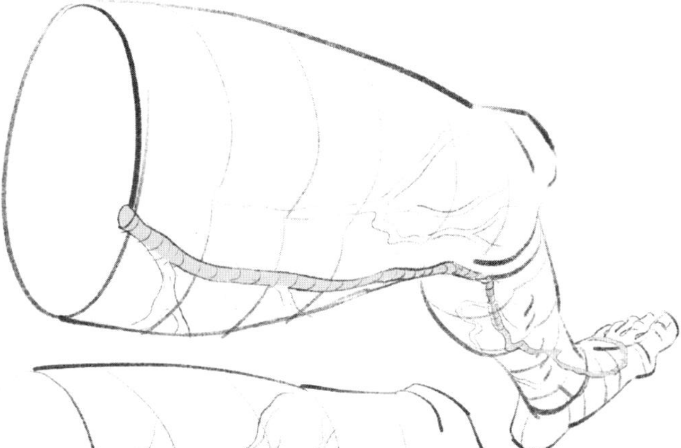

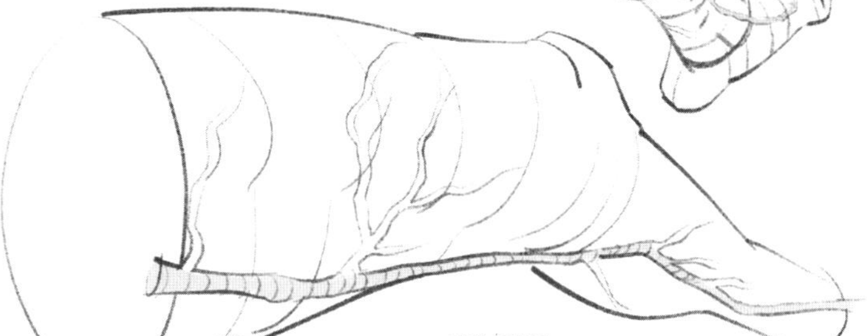

von innen

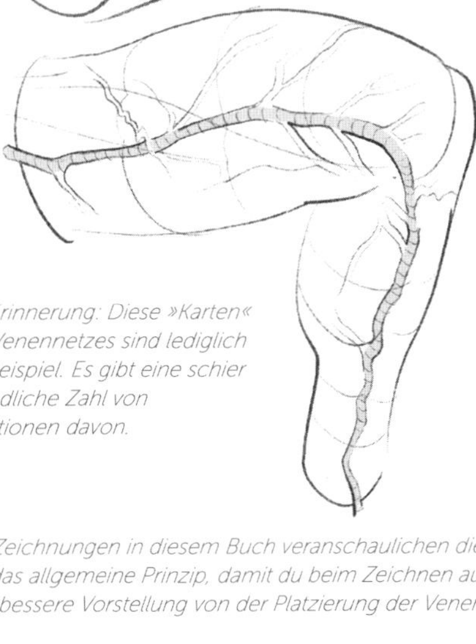

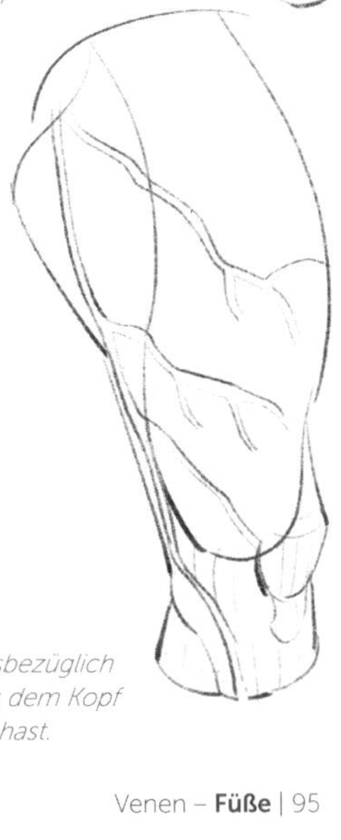

Zur Erinnerung: Diese »Karten« des Venennetzes sind lediglich ein Beispiel. Es gibt eine schier unendliche Zahl von Variationen davon.

Alle Zeichnungen in diesem Buch veranschaulichen diesbezüglich nur das allgemeine Prinzip, damit du beim Zeichnen aus dem Kopf eine bessere Vorstellung von der Platzierung der Venen hast.

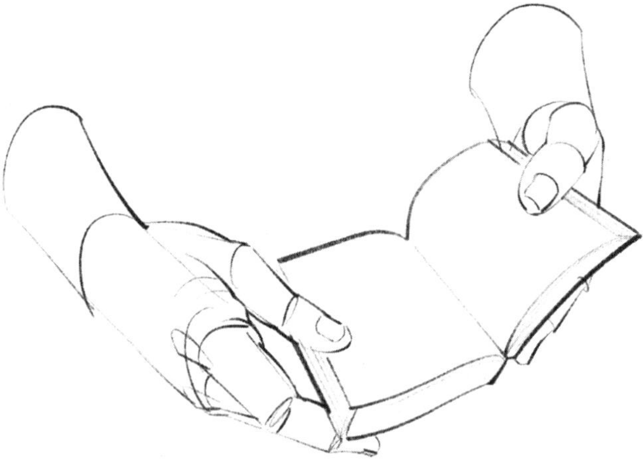

QUELLEN

Französische Nationalbibliothek, Gallica Digital Library [online], www.gallica.bnf.fr

George B. Bridgman, *The Human Machine*, Dover Publications, New York, 1972.

George B. Bridgman, *Constructive Anatomy*, Dover Publications, New York, 1973.

Werner Platzes, *Anatomie appareil locomoteur*, Lavoisier, Paris, 2014.

Paul Richer, *Canon des proportions du corps humain*, Librairie Ch. Delagrave, Paris, 1893.

Paul Richer, *Traité d'anatomie artistique*, Bibliothèque de l'image, Paris, 1996.

Henri Rouvière und André Delmas, *Anatomie humaine*, Masson, Paris, 1984.

Sarah Simblet, *Anatomie pour l'artiste*, Dessin et Tolra, Paris, 2014.

Thomas Wienc, *Le dessin de nu: anatomię et modèle vivant*, Dessin et Tolra, Paris, 2010.